ANDRÉS LÓPEZ LÓPEZ

AGUILAR

AGUILAR

el Señor de los Cielos
© 2013 Andrés López López

© De esta edición:

2013, Santillana USA Publishing Company

2023 N.W. 84th Ave.

Doral, FL, 33122

Tel: (305) 591-9522

Fax: (305) 591-7473

www.prisaediciones.com

Primera edición: Junio de 2013

ISBN: 978-1-61435-961-6

Diseño de interiores: Grafi(k)a LLC

Impreso en el mes de abril en los talleres de HCI Printing & Publishing

Índice

1 El espejo

La mañana era gris en Santiago de Chile. Damián se asomó al espejo y miró de frente a su nuevo enemigo: su propio rostro. Si alguien sabía qué hacer con los enemigos, ese era él, pero eliminarse a sí mismo no era una decisión fácil, aunque ganas no le faltaban. "Para suicidarse hay que tener huevos", pensó. Además, después de tantos atentados fallidos, quitarse la vida para proteger a los suyos hubiera sido una estupidez. ¿Y si "desapareciera" por medio de otros métodos? Era una posibilidad que venía cavilando desde hacía tres meses y que lo colocaba en una encrucijada. Un paso desesperado, pensaba en la noche, atormentado en ese limbo entre la conciencia y la subconsciencia de la duermevela. Un paso perfecto, pensaba al despertar, cuando las ideas siempre son más claras y se desvanecen los fantasmas nocturnos. Lo cierto es que, después de tantas traiciones, pensó que debía dar ese paso o si no terminaría muerto o en la cárcel. Por eso estaba haciendo negocios en Buenos Aires y en Santiago de Chile, invirtiendo en propiedades y estudiando aquellos terrenos tan lejanos de su México lindo y querido.

Horas antes había intentado comprar la flota mercante de Valparaíso de Navegación, la más grande de Chile. Don José Ignacio Viel, su propietario, jamás olvidaría aquella mañana cuando tuvo frente a él, sin saberlo, al hombre más buscado por el Departamento Antidrogas de Estados Unidos (DEA, por sus siglas en inglés).

—¿Cuánto quiere por su flota de barcos, don José? —preguntó Damián. El tic que padecía en uno de sus ojos se intensificó, como siempre que le subía el nivel de adrenalina.

—Lo siento, amigo, no sé quién pudo haberle dicho que mi empresa está a la venta —dijo don José Ignacio Viel con una dignidad que le duraría un suspiro—. Valparaíso de Navegación —prosiguió, encendiendo un costoso Cohiba— es una empresa familiar que forma parte de la historia de la navegación chilena desde 1912. Ni mi familia ni yo, bajo ningún concepto, la vendemos.

Damián apenas dejó que terminara de hablar y, como acostumbraba en estos casos, le hizo un disparo certero a la razón.

—Dígame cuánto cuesta su empresa y le pago exactamente el doble.

Se hizo un silencio premonitorio. Don José Viel quedó estupefacto, mudo por la impresión, mientras una cifra enorme giraba en su mente. Ésta era tan obvia, que Damián estuvo a punto de decirla en voz alta, y supo en ese momento que se acababa de convertir en el propietario de la empresa de navegación más grande de Sudamérica. No sólo disponía de la flotilla de aviones más completa del continente, sino que a partir de ese momento podría transportar cocaína en grandes embarcaciones mercantes sin darle tiempo a las autoridades a descubrir su cambio de estrategia.

El paso perfecto, o desesperado, para llevar a cabo sus planes era cambiar de rostro: Damián había decidido someterse a una cirugía para "desaparecer", mientras sus ganancias se multiplicarían eternamente. Lo que jamás imaginó es que Valparaíso de Navegación iba a ser la última compra que haría en su vida.

2 El chivatazo

El avance noticioso que zumbaba en el enorme televisor del apartamento sacó a Damián de su letargo. La hermosa presentadora informaba de la recompensa de cinco millones de dólares que ofrecían los gobiernos mexicano y estadounidense a quien diera razón del narcotraficante Damián Torres, el Señor de los Cielos.

Las autoridades inglesas, mexicanas y estadounidenses suponían que el peligroso criminal había trasladado su centro de operaciones a algún país del sur del continente, en donde podría estar oculto. Caviló por un momento; el tic de su ojo derecho se hacía más evidente: "A estos pinches putos alguien les dio un pitazo, pero para ese alguien será el último chivatazo de su vida". A continuación tomó el control remoto y, mirando fijamente a la presentadora, dijo en voz alta: "Y usted, pinche vieja pendeja, lástima que siendo tan linda desperdicie su vida repitiendo lo que han dicho las autoridades y los periodistas durante los últimos veinte años de mi vida. Busque trabajo en un sitio que se acomode a su inocencia".

Apagó el televisor y soltó una carcajada que sólo él entendía. Caminó hacia la pizarra de la pared que mostraba recortes de los más importantes diarios del mundo. Los miró por unos segundos. "El hombre más buscado del mundo", proclamaban algunos titulares de primera plana; su rostro aparecía congelado junto a ellos. "Hasta para ser mafioso hay que tener clase. No se trata de cualquier narquillo de quinta. Se trata del mejor. Y como tal tiene que ser tratado", pensó Damián. Ahora no le quedaba duda alguna: iba a recurrir a la cirugía para hacerse cambiar el rostro.

A continuación Damián se sentó frente a la computadora. En la pantalla apareció su fotografía, que a golpe de ratón adoptó diversas formas: con barba, sin ella, con más o menos mentón, con pelo, calvo, y así hasta lograr una imagen muy diferente a la que el mundo conocía. "Con ésta, que tiene carácter, me veo chingón", dijo en tono de burla. Luego sonrió y se preguntó: "¿A poco no?". Estaba convencido de que con ese cambio nadie lo iba a reconocer.

En ese momento entró el Tuercas, que vestía de saco y botas con punta dorada. Este corpulento indígena daría la vida por él y Damián lo sabía.

—¿Cuál te gusta más, Tuercas? —dijo, mostrándole las fotos de la computadora.

—Pos, patrón, la verdad me gusta como lo conocí.

Damián, irritado por sus palabras, lo agarró por la solapa y le dijo, acercando su rostro al del Tuercas: —Olvídate de este rostro, carnalito, porque nunca lo vas a volver a ver —hizo su pausa acostumbrada y remató con desprecio—: ¿Y a ti, pinche pendejo, quién te dijo que las botas se usan con saco?

—Pos, es que es la moda en México, patrón, y primero me olvido de mi nombre antes que olvidarme de que soy mexicano de hueso colorado.

Damián sonrió y dijo: —Pobre títere el que impuso esa dizque moda.

El Tuercas abrió los ojos por la sorpresa y preguntó: —¿Usted lo conoce, patrón?

—Nomás faltaba. Ya pareces reflejo del pendejo ese que nos gobierna desde el norte. ¿Qué te traes?

—Pos, patrón, que si se queda aquí parado como tarugo, la próxima vez que la gente lo vea va a tener que ser en un ataúd. Los Alarcón, esos que le quieren dar cuello están en Chile y vienen en camino.

Damián comprendió inmediatamente la amenaza. Sus enemigos lo acechaban y estaban a punto de encontrarlo, antes de que lo hicieran las autoridades. Tomó la cartuchera que acostumbraba cruzarse en el pecho con las balas y dos pistolas doradas y caminó hasta la ventana, desde donde advirtió un extraño movimiento de motos y camionetas.

—Tuercas, ¡aguas! Si nos apendejamos, se va a poner de a peso el kilo de masa.

A continuación destruyó rápidamente algunos papeles del escritorio y, seguido por el Tuercas, se dirigió a toda prisa hacia las escaleras de emergencia. En ese momento no hubiera dudado en clavarle tres balazos al primero que asomara las narices.

Las puertas de la camioneta de vidrios polarizados —blindaje nivel 5 y una barrera física de protección— se abrieron de volada. El Tuercas puso en marcha el motor y arrancó en reversa. Damián lo detuvo abruptamente.

—Espera, pinche puto, los regalos de mi familia.

—Pero, patrón...

—La familia es lo primero. ¿Qué no?

—Me va a perdonar, patrón, pero primero es la vida.

—Precisamente: mi vida es mi familia, Tuercas —respondió y abrió la puerta—. No voy a llegar a la casa sin nada. Si esos putos Alarcón llegan y quieren bala, pues les cocemos el hocico a balas.

Damián se internó nuevamente en el edificio por el mismo lugar por donde había salido.

3 Un domingo agitado

Santiago de Chile vivía un día tranquilo. Era domingo y la mayoría de sus habitantes practicaban deportes. En los parques los niños jugaban inocentemente mientras los restaurantes al aire libre recibían a sus clientes habituales.

Una camioneta gris que se desplazaba a toda velocidad interrumpió la rutina armoniosa del domingo; la seguían de cerca varios coches desde los cuales le disparaban. La camioneta pasó en medio de los restaurantes, generando gritos de terror a su paso.

Damián Torres, desesperado, vigilaba desde el asiento trasero de la camioneta tratando de ubicar una salida. Incluso para alguien como él, acostumbrado a la impunidad y a salirse con la suya, los segundos eran eternos. Daba órdenes a gritos al Tuercas. Jadeaba ostensiblemente. No atinaba a descifrar quiénes estaban al volante de los coches que lo perseguían. Enemigos no le faltaban.

—Por la Virgencita de Guadalupe, Tuercas, y por mi patrón Malverde, que si salgo de esta, no voy a dejar vivo a ninguno de estos cabrones.

A pesar de haber salido airoso de situaciones como esta muchas veces, por primera vez se sentía atrapado. El Tuercas, hipnotizado por el peligro, no se detenía ante obstáculo alguno. Se guiaba por su instinto de conservación y quería proteger con su vida la de su jefe, que desde el asiento trasero accionaba y hablaba atropelladamente. La primera explosión alcanzó el poste del alumbrado y le abrió un boquete. El segundo coche maniobró con un rechinar de frenos para retomar el rumbo de la camioneta que había dado la vuelta en la glorieta, tratando de buscar escapatoria por una calle aledaña. Los disparos destrozaban ventanas en una sinfonía de horror. Son instantes de tensión y a cada disparo hombres y mujeres se estremecen. Unos gritan, otros sollozan sin saber hacia dónde correr. El Tuercas, siempre dispuesto a jugarse el pellejo por su patrón, conducía desbocadamente entre órdenes y contraórdenes que lo confundían.

—De esta lo saco, patrón, porque lo saco —dijo. Y aceleró a fondo. Para él, su vida y la de Damián eran lo único que contaba.

Después de salir de las pequeñas calles y atravesar una de las grandes autopistas, la camioneta entró en un terraplén dejando tras de sí una nube de polvo. El Tuercas frenó la camioneta frente a la cerca que los separaba del interior de un aeropuerto privado. Les habían sacado considerable ventaja a sus perseguidores, nada menos que Isidro y Guadalupe Alarcón, sus implacables enemigos. El Tuercas y Damián, quien llevaba un maletín y un osito de peluche, se bajaron de su camioneta. Miraron hacia atrás y divisaron a la distancia los coches de sus perseguidores; corrieron angustiados y como arañas escalaron la malla que los separaba del avión que les salvaría la vida. Corrieron hacia la pista donde el Cessna Citation X los esperaba con los motores en marcha. Los hermanos Alarcón, que continuaban el acoso, atravesaron la cerca con uno de los vehículos. El piloto, al ver lo que sucedía, ayudó a subir al Tuercas y a Damián, e inmediatamente emprendió el vuelo. Damián siguió disparando por la puerta entreabierta contra los que trataban de que el avión no despegara desde la pista.

El avión volaba casi rozando las copas de los árboles al final de la pista. De repente, apareció otra aeronave que se disponía a aterrizar. La colisión parecía inevitable, pero el diestro piloto logró que el aparato diera un giro y se perdiera en las alturas, sin un disparo en su fuselaje, dando al traste con el intento de los Alarcón de acabar con Damián Torres, el Señor de los Cielos.

Los Alarcón esperaron a que el avión desapareciera en el cielo y regresaron frustrados a sus vehículos.

—De pura chiripa se salvó ese puto cabrón —comentó malhumorado Isidro Alarcón.

—Cuando a uno lo sacan del refugio, *brother,* no le queda de otra más que volver como perro arrepentido a la casa. ¿Cuánto apuestas a que se fue a México, carnal? —respondió Guadalupe.

El pequeño *jet* había ganado altura y se estabilizaba. El Tuercas y Damián se abrazaron satisfechos por la victoria.

—Putos cabrones, ya veremos quién mata a quién —dijo Damián mirando a la pista, desde donde uno de sus enemigos seguía disparando inútilmente, aunque el avión a estas alturas era sólo un punto en el cielo.

—Casi nos agarran a la mala, patrón.

—Alguien nos puso el dedo, Tuercas. Cuando lo agarre lo voy a colgar de las pelotas por hijo de su pinche madre, el muy cabrón.

Mientras el avión sobrevolaba el océano Pacífico, Damián y el Tuercas juraban que se vengarían.

Los Alarcón, por su parte, regresaron al refugio de Damián que habían localizado gracias al chivatazo de un infiltrado. Tras derribar la puerta del apartamento, por la cama revolcada, las prendas de ropa tiradas por doquier y el montón de papeles rotos, dedujeron que había sido abandonado unos minutos antes. Tratando de encontrar alguna pista que los condujera hasta su presa, revisaron los papeles y lograron armar el rompecabezas: la fotografía del gran capo revelaba un plan hasta ese momento secreto.

—Este puto se va a cirugiar. Vamos por él —dijo uno de los Alarcón, tras lo cual cargaron sus armas y salieron, más presurosos aun que la primera vez.

***

Al hacer cábalas acerca de quién pudo traicionarlos y dar el soplo, Damián llegó a la conclusión de que sus perseguidores eran los Alarcón, la competencia del negocio, aunque el Tuercas también sospechaba de alguien más.

Damián era un hombre joven que no llegaba a los cuarenta años de edad, bien parecido, de pelo negro y tez blanca. Dominaba con su mirada a quienes le servían y manejaba un imperio de dinero y crimen sin precedentes en su país. No necesitaba andar rogando para que le obedecieran. Con su forma de mirar todos sabían lo que debían hacer para no despertar su furia. ¡Ay del puto que lo hiciera enojar!

Con la intención de descansar de la correteada que les habían puesto, Damián se echó hacía atrás en el asiento y cerró los ojos. El Tuercas, como de costumbre, guardaba respetuoso silencio. El letargo producto de la fatiga y el arrullo de la aeronave lo hicieron caer en un sueño profundo, como en un viaje en el tiempo.

4 Badiraguato, Sinaloa, 30 años antes

Un niño calzado con huaraches corría por un paisaje desértico donde parecía que hasta la lluvia temía presentarse. Badiraguato sufría una de las peores sequías en sus más de cuatrocientos años de existencia. Era una criatura de rasgos fuertes y nobles, de mirada tierna como la de cualquier niño de su edad, a quien la miseria había dotado de una agudeza notable. Sus rasgos eran infantiles, pero su mirada era la de un viejo dolido, temeroso y desconfiado. Su delgadez mostraba los estragos de la enfermedad y presagiaba muchas más que impedirían que llegara a ser hombre y causara todo el daño que el destino le tenía reservado.

Se movía con soltura, como si tratara de huir de esos huaraches viejos que tanto le lastimaban a cada paso. Su nombre era Damián y quería escapar de ese pueblo que llevaba el sello de la desgracia, como si el letrero que daba la bienvenida al lugar informara: "Badiraguato, Sinaloa, lugar donde ronda la muerte".

El estado de Sinaloa, y Badiraguato en particular, era cuna de bandoleros, tierra con una fuerte tradición delictiva. Allí robar era una forma usual de obtener el sustento cotidiano, y cultivar marihuana una forma usual de obtener frutos de la tierra, como si se tratara de cultivar frijoles o maíz. Es el lugar donde vivían sus padres, sus hermanos, sus parientes; donde, a regañadientes y por muy poco tiempo fue a la escuela, donde trabajaba en los cultivos, donde se sentaba a llevarse un taco relleno de salsa picosa y salada a la boca, donde reía de las gracias de niños de su edad, cual si fueran hambrientos cachorros de lobo que aullaban para advertir que tenían miedo y que hincarían sus colmillos en cualquier cosa que pudieran llevarse al hocico.

Desde muy pequeño, Damián se acostumbró a las sangrientas peleas, a los atracos de mercancías, a las emboscadas a las supuestas autoridades y al ir y venir de todo tipo de vehículos cargados con la verde hierba. Todo esto era tan natural para él que jamás sospechó que hubiera algo anómalo en ello, que fueran actividades al margen de la ley. Nunca supo que la vida, especialmente para un niño, debía ser otra cosa; que debía ser vivida en un hogar apacible, con una escuela acreditada y un ambiente seguro. Nada de esto existía para Damián, que ya a su corta edad sabía que la única forma de salir de la miseria era el narcotráfico. Matar, robar, imponer la ley en Badiraguato era sólo un asunto de rutina, casi casero, casi el plato típico de la región, casi la camiseta del equipo deportivo, casi el nombre del santo del pueblo.

Damián creció viendo la buena vida de los narcos y de sus familias. Además vio que también llevaban un poco de bienestar a su pueblo, donde la ley, el orden, el Estado y la mismísima revolución no habían llegado ni llegarían jamás.

El niño de huaraches siguió corriendo como si le fuera imposible cansarse, como si jamás le fuera a faltar el aire que respiraba y le daba energía, mientras los ojitos poco a poco se le llenaron de lágrimas y un dolor intenso le invadió el pecho. Llevaba sobre sus hombros una carga que lo superaba pero no disminuyó la marcha. Las ampollas que tenía en uno de sus tobillos le sangraban y comenzaron a resecarse con el polvo del camino hasta formarle un callo. El pequeño añoraba el olor de la cocina, el calor de la lumbre del fogón, las deliciosas tortillas que en un abrir y cerrar de ojos creaban las prodigiosas manos morenas de su madre.

Rosalba, la mamá de Damián, era una señora de campo, vivaz y activa. Había sacado adelante a sus escuincles, a su plebe, como le dicen en Sinaloa a los hijos. Ella se inclinó, lo levantó entre sus brazos y lo besó en el rostro. El niño triste, que parecía no tener futuro alguno, cerró los ojos y sintió que se acurrucaba en las nubes. De ese sueño es que trataba de sacarlo el Tuercas; trataba de sacar al adulto treinta años mayor, que en realidad estaba en la nubes, volando a treinta mil pies de altura. Pero Damián no despertaba: sus recuerdos seguían volando en su mente, tal como volaba el avión en el que viajaba ahora con el Tuercas...

"Brucelosis", dijo el viejo doctor, que pasó como una ráfaga por el dispensario de Badiraguato, que apenas se mantenía en pie. Rosalba y Vicente, los padres de Damián, se quedan mirándose el uno al otro sin comprender lo que decía el doctor, pero habían entendido que era algo grave. El pobre Damián, tan flaquito y pálido debía estar gravemente enfermo. Estaba tan débil que no sólo no podía ir a la escuela ni a trabajar con su padre en los cultivos, sino que ni siquiera podía salir a jugar con sus amigos. "No, plebecitos", les decía Rosalba con voz triste, "Damián no va a poder salir hoy a jugar con ustedes, está enfermito".

Rosalba luchaba infructuosamente por contenerle la fuerte fiebre aplicándole compresas de agua fría en la frente.

—Damián está muy enfermo, Vicente, tenemos que hacer algo o el chamaco se nos va a petatear aquí mismo.

Vicente, enojado, le dio otro trago a su pachita de mezcal. Se mantenía borracho para evitar que llegara la cruda y lo atenazara con la culpa de saberse poco hombre, de tener a su familia en la miseria, de no hacer nada por salvar la vida de su hijo. Vicente no movía un dedo para tratar de resolver esos problemas tan acuciantes.

—Es que yo... yo no sé qué hacer, Rosalba. Si se muere el niño... ¿Si se muere el niño?

Rosalba contuvo el llanto. Hubiera querido morirse en ese instante, pero años, siglos, vidas completas, le han marcado la maternidad en la piel, esa promesa de vida eterna y de encarnizada lucha por conservar el nido caliente para sus crías. Se repuso rápidamente; sabía que, de no hacerlo, se iba a arrepentir para siempre.

—¡Vamos a llevar a Damián con don Calixto!

Vicente palideció al escuchar el nombre del viejo curandero yoreme. El padre Jacinto, sacerdote de la iglesia donde todos los domingos Rosalba y él iban a escuchar misa, jamás estaría de acuerdo.

—No, pase lo que pase, en esta casa nadie va a desobedecer al padre Jacinto —dijo Vicente.

—Por Dios, Vicente, ¿pues qué no ves que no tenemos tiempo? Tenemos que llevar a este niño con don Calixto...

—No, mujer, de ninguna manera voy a poner la vida de mi hijo en manos de ese viejo brujo. ¿Qué tal si el chamaco está posesionado por un espíritu del mal? ¿O por el mismísimo chamuco?

—No digas tonterías, Vicente...

—Aquí la única que está diciendo babosadas eres tú, mujer... ¡pendejadas! Si quieres llevar a Damián a una muerte segura, hazlo tú... yo no te voy a ayudar. Es más, en este mismo momento voy a ir con el padre Jacinto y le voy a contar que la poseída por el demonio eres tú, y por eso nuestro pobre hijo está así... vas a ver, mujer... no te la vas a acabar con el curita.

Vicente, lleno de coraje, le cruzó la cara a Rosalba de un golpe que la lanzó al suelo y salió de la casa huyendo del problema, dejando atrás la vida de su hijo. Para un hombre como Vicente, un hijo no es más que un animal que le puede servir, pero que se puede reemplazar.

Rosalba ahogó el grito para pedirle a su marido que no se marchara. Se secó las lágrimas, porque su hijo se moría y si no hacía algo de inmediato, Damián no iba a ser más que un recuerdo.

Con toda la velocidad que le permitieron sus piernas salió corriendo a la calle a pedir ayuda. Pensó tocarles la puerta a los vecinos, pero sabía que era inútil: Vicente había acabado con todas las amistades debido a sus traiciones, sus burlas e incluso con los amagos de seducción a algunas vecinas. Rosalba entendió que lo que le estaba sucediendo era una prueba que le enviaba Dios: si quería salvar a su hijo, iba a tener que hacerlo ella misma... aunque tuviera que venderle su alma a Malverde, el patrón de los sinaloenses, a quien todos acudían en momentos de desesperación. Si Malverde —quien en vida fuera un malhechor que robaba a los ricos para darle a los pobres— lograba salvar a su hijo, tanto ella como el mismo Damián le iban a estar eternamente agradecidos.

Sin pensarlo más, la mujer entró de nuevo a su casa y cubrió a Damián con una cobija. Luego tomó un lazo y ató su cuerpo con sumo cuidado. Así, lo sentó en la orilla de la cama, buscó un trapo que se amarró en la frente y sobre éste colocó la cuerda con la que estaba atado el cuerpo de Damián. Se puso en cuclillas y, mirando al cielo, imploró. "Ora sí, Diosito, Virgencita santa y patrón Malverde, pongo mi vida y la de mi hijo en sus manos. Morenita mía, tú también eres madre, te ruego, te imploro que si alguno de los dos debe estar a tu lado, que sea yo... Dame las fuerzas para llegar a la sierra, y a don Calixto dale la sabiduría para salvar a Damián".

Sin más, Rosalba respiró profundamente, se levantó con Damián sobre su espalda y se lanzó a la calle, decidida, sabiendo que estaba dando su vida por la de su cría. No tenía miedo. No volvió a derramar una lágrima.

5 El Señor de los Cielos

La mirada de Calixto se perdía en el fuego de la hoguera que le calentaba los huesos esa tarde. Tenía un pasado, una deuda con la Parca que tendría que saldar tarde o temprano. Desde donde se encontraba, en lo alto de la sierra, divisó a una mujer que se aproximaba; cargaba algo muy pesado. Al aguzar la vista, distinguió, a poca distancia detrás de la mujer, a una vieja conocida, a la Parca. Entonces, entendió lo que tenía que entender: ese día iba a saldar su deuda, y lo iba a hacer como había vivido siempre: peleando.

Calixto nació perdido. No sólo de su origen, de su tribu y de su tierra, sino hasta del fiero sol que quemaba su piel y del viento que perfilaba su rostro tan semejante al de un pájaro. Era largo y espigado, correoso, y las venas resaltaban en su cuerpo tan marcadamente que parecía que iban a reventarle la piel en cualquier momento. Según la leyenda, Calixto se contrataba como *sparring* de futuros campeones de boxeo en los gimnasios de los pueblos del norte de Sinaloa. Era muy torpe para lanzar los puños, pero era rápido de piernas y cintura. A diferencia de los buenos boxeadores, tenía una mano izquierda muy torpe y por más que quisieron enseñarle a usar el *jab*, no lo lograron. Calixto ni siquiera era capaz de mantener la izquierda levantada para que no entraran los golpes en ráfaga. Las abolladuras en su rostro y su nariz desfigurada por las fracturas corroboraban el *dictum* boxístico: "Un boxeador es tan bueno como lo es su mano izquierda". Pero lo que tenía de estúpida la zurda, lo tenía de pesada la derecha: esa mano era un mazo cubierto por nudillos. Sólo tenía que burlar y aguantar los golpes del adversario hasta que éste se cansara. Entonces bastaba que descargara el marro tan temido para que cualquiera de los "Kid Sinaloa" besara la lona.

Al reconocer a Rosalba, Calixto bajó la sierra a toda velocidad, dando brincos, ciego de ira, sordo de razones y carente de toda lógica. ¿Qué iba poder hacer un pobre indio sin origen, sin familia, sin educación frente a la maquinaria que mueve la vida, qué podía hacer él frente al destino inexorable que es la muerte? Rosalba se detuvo al escuchar el crujido de ramas que causaba el rápido descenso de Calixto, a quien aún no podía ver. Con mucho esfuerzo depositó a Damián en el suelo, buscó un palo y se dispuso a enfrentar a quienquiera que amenazara su vida y la de su hijo. El miedo era la casa donde Rosalba se había acostumbrado a vivir desde hacía mucho tiempo.

—Don Calixto... —dijo Rosalba; fueron las únicas palabras que pudo articular antes de que apareciera el indio enloquecido.

Calixto la hizo a un lado, tomó la cuerda que ataba el envoltorio en que yacía Damián, se la colocó en la frente y comenzó el ascenso con toda la rapidez que le fue posible. Rosalba lo seguía trabajosamente, y Calixto volteaba de vez en cuando para cuidar que la mujer no se rezagara demasiado.

—Don Calixto —suplicó la mujer—, por favor no se detenga por mí, ahora lo importante es salvar a mi hijo.

—La muerte nos sigue los pasos...

—Entonces, no dude, llévese a mi hijo, yo me quedo aquí a esperarla y a ofrecer mi vida en sacrificio.

—No, mujer, no será suficiente. Los tres estamos condenados, tenemos que luchar. Esa es la única manera en que, tal vez, podamos salvar a tu hijo.

Calixto no dijo más; jaló con todas sus fuerzas a la mujer y siguieron el ascenso, ahora con paso firme y presuroso. El indio tenía que llegar a sus hierbas, a sus pergaminos, a sus amuletos... esos últimos vestigios de su perdida tribu. Sus únicas armas para enfrentar a la Parca estaban en su choza; sin ellas, los tres estaban perdidos.

La Parca los miraba desde lejos, sin apresurarse. Gozaba con el suplicio de sus víctimas. Tenía todas las de ganar, pero le encantaba que la enfrentaran. Nada satisfacía más a la Muerte que ver cómo se consumían las esperanzas de los moribundos, cuando se daban cuenta que ya no podían hacer nada más.

Al llegar a la choza, Calixto soltó la carga y le gritó a la mujer que avivara el fuego con todo el copal que tenía bajo un refugio de ramas. Mientras la mujer seguía la orden, Calixto mojaba el cuerpo de Damián. La Parca apareció en ese instante. El cuerpo cansado de la vieja Rosalba dio su último paso antes de caer agotada. Calixto mojó el cuerpo de Rosalba, como lo había hecho con el de Damián, y luego se mojó a sí mismo.

La Parca contemplaba a Calixto con toda parsimonia... A fin de cuentas, tenía todo el tiempo del mundo. Ese era su secreto.

Calixto seguía colocando hierbas en torno a los cuerpos de Damián y Rosalba. Después tomó sus collares y se los atravesó en el pecho, y otros se los colgó del cuello. Luego, entonando un canto viril, comenzó a bailar alrededor de la muerte, con unos movimientos amenazantes cual víbora de cascabel.

La voz de la Parca comenzó a resonar en la cabeza de Calixto. Él, concentrado, no dejó de bailar ni de recitar sus letanías, los lamentos milenarios en su lengua madre que le enseñaron los ancianos para enfrentar a cualquier enemigo.

La Parca gritó con fuerza levantando su guadaña.

—A esa criatura sin entrañas me la voy a llevar conmigo para que nunca su alma negra salga a causarle daño a la gente.

Calixto seguía cantando y bailando. Si alguien hubiera presenciado la escena, jamás se habría imaginado el profundo trance en que estaba el indio: se había transportado a otra dimensión, la única en que su alma podía enfrentar a la Muerte.

La Parca no aguantó más y lanzó su guadaña con fuerza, pero Calixto pudo esquivar el golpe. Levantó la guardia, dejó su izquierda bien alta y bien firme y amartilló la derecha para asestar en la Parca un golpe *mortal,* si tal cosa es posible.

La Parca ladeó su cuerpo delgado y subió la guardia. Esta conocía bien a los boxeadores y llevaba dentro de ella el alma de muchos de ellos, así que reunió a todos los idos para enfrentar a ese golpeador irrespetuoso. Ahora Calixto, el indio yoreme, peleaba contra los mejores boxeadores de la historia ya fallecidos.

Los contendientes se trenzaron en una lucha de corta distancia. Calixto movía la cintura con soltura y arrinconaba a la muerte con certeras izquierdas, justo cuando ambos acertaron simultáneamente un golpe de derecha, uno en el rostro del otro. Los contendientes se desplomaron pesadamente. La Parca, que se levantó de primero, tomó su guadaña y la clavó en el corazón de Calixto, quien poco a poco iba perdiendo fuerzas.

Fue entonces cuando la Parca, ignorando por completo el cuerpo de Rosalba, se fue tras Damián, que seguía temblando empapado por el sudor de la fiebre que le estaba cobrando la vida.

—Voy a llevarte conmigo ahora que sólo eres un niño —dijo la Parca—. No vas a acabar con la vida de tanta gente. No me vas a quitar mi trabajo.

La Parca levantó de nuevo su guadaña en el justo momento en que se escuchó el graznido de dos águilas que surcaban el cielo. Las nubes se abrieron de pronto y un rayo de sol cegó a la Parca. Esta bajó la guadaña y se alejó del cuerpo de Damián. Las águilas, que volaban muy bajo, se enfilaron hacia la Parca y pasaron muy cerca de ella. Luego, sin más, caminó por encima del cuerpo de Calixto y se alejó con la misma calma con la que había llegado.

Calixto, con el último aliento de vida que le quedaba, se acercó al cuerpo de Damián que estaba protegido por las dos águilas y que poco a poco comenzaba a recobrar el conocimiento. Le estrechó la mano y dijo:

—Damián Torres, fueron los mensajeros de Dios o de la Virgen o del patrón... realmente no estoy seguro. Sólo sé que fueron los mensajeros de alguno de ellos los que te salvaron... el viento, las nubes. Tu vida siempre estará ligada a esos elementos. Siempre serás un hombre que vivirá y morirá en las alturas: Siempre serás el Señor de los Cielos.

En ese instante el alma de Calixto, el indio yoreme, se despojó de su cuerpo para alojarse en el de Damián Torres, y éste se convirtió en un hombre con dos almas: una tan noble como el pan, otra tan mala como la maldad misma. Al menos eso cuenta la leyenda.

6 Ángel o demonio

El ruido ensordecedor de las turbinas del avión despertó a Damián. El Tuercas miraba conmovido al Señor de los Cielos. Este reaccionó enojado.

—¿Qué me ves, pendejo? ¿Tengo monitos en la jeta o qué chingados?

—No, jefe, es que yo...

Damián, de un rápido movimiento, soltó la izquierda, que acertó en el ojo derecho del Tuercas, aturdiéndolo momentáneamente.

—No te pases de lanza, pinche Tuercas, no se te olvide que yo soy tu patrón...

—Pues nada más por eso...

—No, Tuercas, no nada más por eso. También porque para cabrón, cabrón y medio. Y si quieres, en este avión nos olvidamos por cinco minutos que somos patrón y chalán y nos ponemos en la madre. Llegando a México, ni quién se acuerde.

Damián sacó su pistola escuadra del cinto y la dejó en el asiento.

—¿Qué pues, puto? ¿Te vas a animar? ¿Te vas a dejar venir?

—No, patrón, ahí muere. No lo vuelvo a ver mientras duerme, se lo juro.

Damián se calmó, tomó aire y se puso de nuevo el saco.

—'Ta bien, Tuerquitas, nada más que no se te olvide que en mi otra vida fui boxeador, y sí te ando reventando tu madre, a ti o a cualquier puto que sea hombre y sepa que las pistolas sólo son para los medianos. Los completos nos partimos la madre a trancazos y luego nos quitamos la vida a plomazos.

La aeronave aterrizó en una de las tantas pistas clandestinas que tenía Damián cerca a la capital mexicana. Inmediatamente reunió a sus empleados en la bodega. Esta era del tamaño de una tienda por departamentos y albergaba toneladas de cocaína, coches, camionetas como las de la Policía Federal, escoltas y hasta un helicóptero.

—Ahora sí, carnalitos —comenzó la arenga de Damián—, ustedes ya tienen la experiencia y los huevos para que le chinguen solos. No olviden que en este negocio de chuecos lo más importante es ser derechos. Aquí se paga con la vida la traición, el robo y el meterse con la mujer ajena.

Todos guardaron respetuoso silencio y Damián continuó.

—Los que quieran seguir por su pinche cuenta, adelante. Los que me quieran acompañar hasta el día que le reviente la pinche madre a los Alarcón, al Gobierno y al ojete ese del chivatón general que parece que también nos está vendiendo, la Virgencita de Guadalupe, el patrón Malverde y este servidor se los va a agradecer.

La gente aplaudió y, como si se tratara de una orden militar, cargaron sus fusiles y dispararon una ráfaga al aire. Luego habló el Traca Traca, un exagente federal:

—Con usted, patrón, hasta que nos cargue la chingada... si es que no le damos chicharrón primero a esos putos.

—Pues que así sea, compadrito. Este país es nuestro y aquí mandamos nosotros, gústele a quien le guste. Con plata compramos todo y si hay algo que no se pueda con plata, pues a la mala, a punta de plomo.

Entre abrazos y apretones de mano, Damián terminó de dar instrucciones, caminó unos metros hasta llegar adonde lo esperaba a solas Dagoberto, su hermano mayor, el estratega, un hombre sagaz e impositivo.

—¿Cómo te fue, carnal? No me digas que estuvo movidita la salida de Chile. Mira, ahí puedes sentarte.

—Eres un mamonazo, Dagoberto. Sabes que casi nos dejan como coladeras al Tuercas y a mí, y tú sales con tus chistes viejos e infantiles, pues.

—Pero bien que te sigues cagando de risa con esos chistes viejos... A ver, dime, ¿qué traes ahí?

—Son unos recuerditos que le traje a la plebe. Dagoberto se ríe...

—Recuerditos... ahora hasta mariconcito te me volviste.

—¿Qué pasó, *brodercito*? 'Ta bien... vamos a platicar como cabrones... Son unas porquerías que le traje a la familia... Pendejadas de ese pinche país tan gacho, con una gente tan estirada que parece que tiene metido un palo en el culo. Además... hablan bien chistoso, como si se estuvieran comiendo las palabras.

—Será el sereno, pero sigues pareciendo mariconcito con ese osito de peluche bajo el brazo... y para colmo, rosita.

—Métase con el santo pero no con la limosna. Este osito es sagrado y usted sabe por qué.

Dagoberto tomó la maleta, pero no el osito, pues no era posible quitárselo de las manos a Damián, para entablar una conversación seria. Ambos saben exactamente lo que está pensando el otro... lo que están pensando todos los hombres afuera.

—No podemos esperar más. Esos hijos de puta de los Alarcón nos están ganando terreno en el asunto de la violencia. Les hemos pegado en el bolsillo, pero ellos nos han devuelto los chingadazos en el hocico y eso no se lo podemos permitir. Esta vez corrí con suerte, pero está cabrón escapar en un país que no conoces y no pienso volver a repetirlo.

—Es que cuando no son los ojetes esos, son los pinches gringos de la DEA, que andan aquí como si estuvieran en Disneylandia. O este pinche gobierno culero, que tantas cosas ofreció cuando le pagamos por adelantado y ahora se hacen bien pendejos con todo lo que nos debería dar a cambio, sin contar a ese hijo de la chingada de...

Damián interrumpió a su hermano para dar salida un poco al odio exacerbado que siente por ese personaje que desde la mañana le da vueltas en la cabeza.

—El general José María Romero Valdivia, maldito chivato de mierda, ni tras las rejas cierra el hocico y me deja en paz.

—Y eso que se supone que el culero ese es tu amigo desde la infancia... ¿Qué tal que no? Ya te hubiera colgado del puente más alto del D.F., y mira que aquí hasta el periférico tiene segundo piso.

—Te juro que voy a entrar a ese pinche penal y le voy a meter la pistola en el hocico para que aprenda a mantenerlo cerrado.

—Mira, Damián, sé que estás muy encabronado y no es para menos, pero creo que antes de tomar cualquier decisión radical lo mejor sería que habláramos con el Colorado. Estoy seguro de que el padrino nos va a orientar para darle a todo esto la mejor solución posible.

—Es que ya ves cómo es él. Me va a querer tranquilizar y la verdad, Dagoberto, ya estoy harto. Yo, por más pendejo y considerado que le hago caso a los padrinos y a las supuestas reglas que rigen este negocio, soy el que tengo que rajarme la mano por evitar que me metan una bola de plomazos en un país ajeno. Pos 'ta cabrón y ya estoy hasta la madre.

—Es que el Colorado, con toda su experiencia, se ha ganado el cariño de todo el gremio y es bien carnal del general Marcial, el pendejo ese que designó el gobierno para que firmemos la tregua y nos podamos chispar de todo esto.

Damián analizó en silencio las palabras de su hermano sabiendo que un paso mal dado a esas alturas del partido sería una estupidez garrafal. Los últimos veinticinco años de su vida se los ha pasado librando batallas a diestra y siniestra, y esa no es realmente su última opción. De repente, el osito de fino peluche, que desde las horas de la mañana lo había acompañado, lo saca de su letargo. Es hora de ver a la dueña de ese regalo que lleva en las manos. Sin decir más le dio un abrazo a Dagoberto. Este, sabiendo que su hermano estaba demasiado irritado para entender razones, estuvo de acuerdo en que lo mejor era que se distrajera un poco viendo a la gente que tanto ama, a su familia, por los que ha hecho siempre tantos sacrificios.

El Señor de los Cielos, salió del despacho de su hermano, revisó su teléfono celular, luego su pistola y dos cargadores que lleva en las bolsas del saco, para enfilar hacia un taxi que lo esperaba a unos metros. En un rapto de alegría, lanzó el oso que, luego de dar vueltas en el aire, entró por la ventanilla del taxi. Esto sacó de sus pensamientos al Tuercas, que como siempre estaba tragando camote. Damián seguía vivo, ahora estaba en su país y nada iba a impedir que acabara con aquellos hijos de puta.

7 El Distrito Federal

La ciudad hervía. Como hormigas, cada una en su labor, los "chilangos" atiborraban las calles, se aglomeraban por todos lados. Turbas enteras trataban de llegar al metro, a los peseros, luchando por hacerse de un lugar, aunque fuera de pie; turbas agrupadas en los puestos de tacos o en los carritos de tamales y atole, para llegar con la panza llena a la chamba. De ese modo los defeños se disponen diariamente a iniciar la jornada de trabajo: cada cual en su camino, sin importar lo que sucede a su alrededor. Caminan rápidamente, unos aguardan la luz de los semáforos mientras que otros se lanzan atrevidamente sin esperar a que cambie el semáforo y tienen que esquivar los vehículos para no ser embestidos.

Años atrás Damián era uno de esos miles de rostros que asoman por las ventanillas del metro. Uno de los más pobres de la ciudad, que son millones. Muchos de ellos están siempre dispuestos a jugarse la vida con tal de proteger lo poco que tienen. Damián se identifica con ellos. Nunca les ha tenido miedo, nunca los ha querido explotar. Sabe que la mayoría no tiene el suficiente dinero para ser sus clientes ni tampoco la suerte de ser sus empleados. El Señor de los Cielos sabe de pobreza, sabe de desesperanza, sabe del frío a la intemperie y del calor que quema los pies del que no tiene zapatos. De ahí viene él, y orgullosamente lo dice en voz alta y en voz baja. Pero no desea volver a esa miseria jamás. "Antes muerto que perder la vida", dice y se ríe, sin que nadie comprenda su chiste. Para quienes lo rodean sus palabras son ley y nadie se ríe de ellas.

Ahora Damián pertenecía a la minoría que puede comprarse un coche, y aunque tenía cientos, hoy viajaba en taxi. En su época el metro era su vía crucis, el precio que debía pagar por haber nacido jodido. En ese mundo la gente no respeta el derecho de los otros, raya los vidrios de los coches, orina en los pasillos, se mete a la fuerza en los vagones atascados sin haberse bañado por varios días y se pelea por vender sus mercancías.

Damián cerró los ojos para reflexionar sobre sus miles de problemas. El cansancio y la tensión acumulados tras años de tratar de salvar la vida lo llevó de nuevo a esa forma rara de sueño que tienen quienes temen por su vida: duermen con un solo ojo y con la mano en la cacha de la pistola sin seguro. Damián se perdió en un sueño muy parecido al de la primera vez que llegó a la ciudad de México. Sólo durmió unos pocos minutos: lo supo al corroborar que el taxi casi no se había movido. Las mismas caras continuaban viéndolo, los mismos sabuesos le seguían los pasos. Los agentes federales que llevaban años persiguiéndolo son el vivo reflejo de la gente que usa el metro y no lo respeta. En las estaciones, los policías —panzones, parsimoniosos— son el vivo reflejo del "México lindo y querido", incapaces de correr tres metros sin ahogarse, porque el mezcal barato ha hecho estragos en ellos. Se dedican a lo único que saben hacer bien: a platicar muy a gusto de los ascensos y del dinero que el gobierno les había ofrecido por la captura de Damián. La ciudad estaba vigilada de arriba abajo por cientos de oficiales que habían jurado acabar ese mismo día con la leyenda del Señor de los Cielos.

8 Reforma, esquina con Insurgentes

Damián viajaba acostado cómodamente en el asiento de atrás del taxi con el osito de peluche color rosa al lado. Lo acompañaban el conductor y un guardaespaldas moreno de cabello lacio. Lucía un fino saco azul y una corbata combinada que le daban un aspecto de señor y patrón, muy parecido al de la única fotografía de él que todo el mundo conocía, especialmente las autoridades.

Damián, sin pronunciar palabra, leía —con la dificultad con que se movía en el arte de hilar y entender las letras— un artículo del periódico acerca del general José María Romero Valdivia, a quien las autoridades le habían comprobado nexos oscuros con el Señor de los Cielos. Entre otras cosas, la nota decía: "El general, uno de sus grandes aliados, quien ha recibido los favores del gran narco durante el largo camino de la gloria que hasta unos días atrás pisaba, ha sido arrestado acusado de corrupción y complicidad con quienes fingía perseguir. Su arresto es noticia de primera plana en todos los periódicos de la ciudad y del mundo debido a su investidura frente a la DEA, como el adalid de la lucha contra el tráfico y la distribución de drogas en el país". Damián hizo una pausa en la lectura y sonrió al tiempo que pensaba: "Tanto *bla bla bla* para decir que lo guardaron en el tambo por pendejo". Volvió a hacer una pausa y se rascó la cabeza: "¿Qué querrá decir 'adalid'? Hasta suena chido para nombre de un nuevo plebecito". Luego se sumergió en sus pensamientos.

En los puestos de periódico instalados en casi cada esquina de las calles céntricas, colgaban —entre fotografías de luchadores enmascarados, de futbolistas que disparan con furia hacia la portería y de estrellas de televisión, ojerosas y anoréxicas— las publicaciones que exhibían fotografías a todo color del hombre vencido y titulares que gritaban a ocho columnas la noticia que avergonzaba a las fuerzas militares. Entre todos, un titular anunciaba el triunfo de Damián: "No le dieron chile en Chile al Señor de los Cielos".

A pesar de que la suerte seguía estando de su lado, Damián comprendió que su reinado se resquebrajaba. Por el momento, se sabía dueño. El tic de su ojo se aceleraba, como siempre que se ve en apuros. Comenzó a maldecir y a gemir como animal herido de muerte.

El taxi en el que se desplazaba Damián no era diferente a los otros, como si en su interior viajaran ciudadanos normales y corrientes. Pero no pasaba desapercibido para los agentes de la ley: en realidad era el objetivo de un complejo operativo de persecución. Había gente en cada esquina, en coches estacionados a ambos lados de las calles, quienes se comunicaban con una central a través de un sofisticado sistema: podían saber al instante los movimientos del Señor de los Cielos.

La central era una moderna oficina donde la DEA, con todos los adelantos tecnológicos de la época, había montado el operativo de persecución. Varios de sus agentes estaban acompañados por individuos de inteligencia del ejército mexicano dirigidos por un general. Los oficiales, distribuidos a lo largo y ancho de la ciudad, recibían información clara y precisa.

El objetivo viaja en un vehículo compacto amarillo, taxi. Vestido con saco azul y corbata. Detrás del taxi va una camioneta Suburban negra, vidrios polarizados con ocho guardaespaldas. Todos alertas y en posición.

El hombre de la DEA al mando dio la orden de ejecutar un nuevo plan. Otro agente de la DEA sacó de sus pensamientos al general para comentarle que la captura de Damián Torres iba a ser un aviso claro para todos los narcotraficantes de cualquier país del mundo: no hay rincón en el planeta donde se puedan esconder del gobierno de Estados Unidos. El general le lanzó una mirada asesina al agente, quien rectificó en el acto su estupidez: "Y del gobierno de México tampoco", remató.

El general sonrió y le confirmó que Damián Torres no tenía escapatoria.

—A ese pelado lo traigo atorado en la garganta desde hace un buen rato, pero hoy me lo trago con un buche de tequila y luego lo devuelvo al mundo hecho mierda... o gusano de maguey.

El general se alejó a paso seguro y el agente resopló aliviado.

Mientras tanto, Damián sudaba copiosamente, no sólo a causa de la tensión sino debido al sol inclemente, contra el que el aire acondicionado podía hacer muy poco. El Señor de los Cielos seguía en sus cavilaciones acerca del general Romero y de la visita que planeaba hacerle. En ese momento el conductor del taxi le advirtió que por donde tenían que pasar había un retén de la policía de tránsito.

—Usted dice, mi jefe, ¿le sacamos la vuelta o de una vez le damos plomo a esa bola de putos que llevan rato tras nosotros?

—¿Tienes *chance* de cambiar el rumbo sin hacer muchas olas?

—No mucha, jefe. Nuestra única oportunidad es tratar de salir por la lateral y esperar que nos confundan con otro taxi. Fíjese, patrón, detrás de nosotros vienen como veinte taxis igualitos al nuestro.

Damián miró hacia atrás para comprobar que lo que decía el chofer era cierto, luego fijó la mirada y calculó la distancia que faltaba para la salida a la lateral.

—No... está cabrón, nos vamos a ver muy balcones y los pinches tiras nos van a caer a plomo y no vamos a tener ni para donde correr... síguele derecho.

Damián sabía que la deuda que tenía con la justicia era inmensa; la expresión de su rostro era de preocupación. Un tiroteo alrededor del taxi en el que se desplazaba, y que utilizaba para camuflarse entre los miles que circulaban por la ciudad, lo espabiló. De inmediato preparó su arma y habló por el radio.

—Ah si serán pendejos, de verdad que de todos no se hace uno. Se supone que iban a arreglar una ruta segura y que iban a comprar al procurador para que la orden del desorden viniera desde arriba y bueno... ¿ahora qué?

Antes de recibir respuesta por el radio, oyó el estallido del motor de la camioneta Suburban donde viajan sus guardaespaldas. No obstante, el conductor de la camioneta pudo acelerar y se abrió paso entre los autos que se orillaban apresuradamente. De las ventanas laterales traseras de la Suburban emergieron dos armas largas de grueso calibre listas para abrir fuego.

—No se apure, patrón, ahorita vamos a armar una traca desmadrosa, que va a obligar a salir a bailar a todos esos putos que están escondidos. Va a ver cómo hasta los de la compañía de luz y barrenderos sacan la fusca.

No había mucho más que decir. Los hombres de la Suburban abrieron fuego y se lanzaron sobre los peatones que corrían despavoridos. Los movimientos de Damián habían sido detectados, pero ni la DEA ni la policía federal ni la policía local ni el mismo ejército mexicano se imaginaban de lo que sería capaz el Señor de los Cielos al verse acorralado.

Damián miró hacia el cielo y buscó entre los altos edificios la señal de escape. Las dos águilas que aparecieron en las alturas se confundían con un helicóptero que sobrevolaba la zona. Sus pensamientos se nublaron debido a un alarido que le enchinó el cuerpo. Ahora lo tenía todo claro.

—¡Párate, cabrón! ¡Ahora mismo! —gritó Damián.

El conductor se detuvo de golpe. Un auto viejo, conducido por un hombre regordete que hablaba por celular —seguramente contándole a su esposa que estaba presenciando una película de acción en pleno Reforma e Insurgentes— los golpeó por atrás. El regordete mirón sintió que la vida se le acababa cuando vio bajar a Damián empuñando dos pistolas escuadras, una en cada mano, y comenzó a mojarse los pantalones. A continuación se perdió de inmediato, oculto entre los miles de rostros que salían por todas partes. Vendedores ambulantes, limpiavidrios, periodiqueros, teporochos, amas de casa con niños de la mano que aún vestían su uniforme escolar, payasitos y tragafuegos de esquina, travestis y prostitutas que apenas terminaban su jornada de trabajo... Todos ellos formaron un escudo humano impenetrable, contra el que no pueden ni las balas ni los golpes de garrote de los policías de tránsito que son los únicos en llegar. Los otros estaban tratando de detener a una Suburban blindada que dio vuelta en sentido contrario sobre la glorieta de Colón, disparando y causando destrozos en dos camionetas de la policía federal que trataron de cerrarles el paso.

La policía disparó al aire para amedrentar a los mirones. Muchos corrieron despavoridos entre gritos que enloquecían a la ciudad que hasta hace poco parecía tranquila. La gente se apartó hacia los lados y el chofer del taxi aprovechó para escapar a toda la velocidad por la banqueta, mientras los agentes retornaron a sus patrullas y continuaron la persecución.

Unas cuadras más adelante otro comando de agentes de tránsito, apoyados por policías judiciales vestidos de civil, armaron un cerco para atrapar al taxi en que trata de huir el hampón. El taxi baja la marcha cuando es requerido por los policías, pero cuando los agentes se acercan son sorprendidos por las balas que disparan el conductor y el pasajero, quienes escapan a toda velocidad, frustrando momentáneamente el plan de las autoridades para capturar a Damián Torres.

De las esquinas, de los carros, de las escaleras que conectan con el metro de la ciudad y de todos los escondites salieron agentes de la DEA, personal del ejército para perseguir al taxi, auxiliándose con todos los recursos tecnológicos a su alcance. También se sumaron a la cacería varios helicópteros.

El comandante del operativo, quien recibía informes desde un helicóptero que controlaba los movimientos del taxi, temía que se le escapara la presa, y con ello el honor y la gloria de haber capturado al más grande.

El comandante le cerró el paso al taxi en una jugada brutal. Varios transeúntes fueron atropellados y salieron malheridos en la acción. Los policías actuaban resueltamente; estaban exaltados por la conmoción desmesurada: una Suburban temeraria y letal, un taxi escurridizo, policías y civiles muertos y narcotraficantes tratando de escapar a como diera lugar. Disparaban hacia los neumáticos, las puertas, los cristales, el cofre. Las armas largas buscaban desesperadamente atinarle al radiador que estaba bien protegido y por fin hicieron que se estrellara contra un muro. De inmediato, hombres fuertemente armados acorralaron a los pasajeros del taxi, exigiéndoles que se entregaran, sin recibir respuesta. Los hombres del taxi estaban aturdidos; algunos tenían heridas de bala. Los perseguidores aprovecharon para sacarlos violentamente del vehículo, los tiraron al suelo y continuaron golpeándolos brutalmente con las culatas de sus fusiles, incluso en las partes seriamente heridas.

La sorpresa del general y el hombre de la DEA fue mayúscula: ninguno de los ocupantes era el peligroso Damián Torres.

9 Damián Torres

Como un transeúnte cualquiera, Damián caminaba pausadamente por una calle secundaria. Aún cargaba el osito de peluche. Ocultaba los ojos, y el nerviosismo, tras unos finos anteojos. Una gorra de los Boston Celtics escondía su cabello oscuro y corto. Sepultaba la barbilla en el pecho para ocultar el contorno de su rostro. Llevaba audífonos en las orejas, pero el reproductor permanecía apagado porque necesitaba estar alerta. Al girar en una esquina para enrumbar hacia una colonia más tranquila se dio de bruces con un retén de policías motorizados que estaban apoyando la persecución. Los policías lo encañonaron. Damián, acostumbrado al peligro, tiró sus manos al cinto, para que no cayeran las armas y trató de volver tras sus pasos, pero sabía que era más riesgoso volver atrás, donde la nube de pólvora y muerte todavía no se había desvanecido por completo. Decidió caminar de frente y pasar el retén. Estaba a punto de lograrlo, pero uno de los policías lo interceptó.

—A ver, güey, ¿tú quién eres y por qué caminas tan chistoso? ¿Te vienes cagando o qué?

—¿Qué pasó, oficial? Más respeto hacia los ciudadanos que pagan los impuestos para que usted lleve la comida a su familia.

—Qué comida ni que la chingada, pinche chango mamón... con que recordando a la familia, ¿verdad? Pos ora si te va a cargar la chingada, porque en operativos como estos, no andamos buscando quién nos la hizo... sino quién nos la pague. Así que te toca pagar el pato, bato.

—Pero, ¿yo por qué, oficial? ¿Que no se da cuenta que esto es un abuso de autoridad? Por eso este país está como está... por servidores públicos que nada más por traer una pistolita y un uniforme se sienten muy picudos.

—Bueno, ya, jijo-e-la-chingada, aquí el que manda soy yo, y si te digo que te bajes los calzones y te metas al vehículo oficial en cuatro patas, pues lo haces ¿entendiste?

Damián levantó la vista, pero no pudo ver nada... Tampoco escuchó ningún sonido y decidió esperar. No armó escándalo e hizo uso del recurso que alguna vez le revelara su padre en momentos de profunda borrachera: paciencia.

—Súbete, güey. Con cuidadito. Si traes juguetes o broncas los vas a soltar allá dentro.

Damián, tratando de mantener la calma, hizo un último intento justo frente a la puerta de la camioneta.

—Bueno, ya estuvo mi poli, vamos hablando de plata. ¿Cuánto quieres por chisparme? Te voy a dar cien mil dólares si me llevas ahora mismo a mi casa, ¿cómo ves? ¿Con eso alcanza pa' que traguen los muertos de hambre de tu casa hasta que se mueran de diabetes?

—¿Y qué, pendejo, dónde me viste el taxímetro, o qué? Cien mil dólares, ¿pues qué? ¿Andas borracho o marihuano? ¿Te sientes Damián Torres, el Señor de los Cielos o qué? Ya móntate o vas pa'rriba a pura pinche punta de culatazos.

Damián palideció ante la sola idea de subir a una camioneta oficial. Se sintió perdido. Desde el interior de la camioneta bajaron un poco el cristal y una voz autoritaria sentenció.

—¡Que te subas, pendejo!

Damián subió a la camioneta de la policía federal y se llevó la sorpresa de su vida. A su lado, su hermano Dagoberto, vestido como coronel de las fuerzas especiales se moría de risa mientras resonaban las carcajadas de sus cuatro hombres fuera de la camioneta.

—Usted ha de perdonar, patrón, la bromita fue idea de su hermano Dagoberto. Ni modo de decirle que no.

Damián no supo si reír o llorar, si matar a todos o agarrarlos a besos, si vomitar o mandar por cervezas, si seguir vivo o morir en el intento. La risa de Dagoberto lo exasperó y le asestó un izquierdazo en la cara. Movía la cabeza de un lado a otro, aún aturdido.

—Pero, ¿de quién es la culpa de todo esto? ¿Quién fue el terco jijo de la chingada que quería pasear en taxi por la ciudad de México? No, si pa' la otra te subo al Turibus.

—Ah, sí, y nada más por eso tú y tus pinches vejetes esos se van a reír de mí, del mero patrón.

—Pues "el mero patrón" que yo conozco acepta sus pendejadas y se ríe de las buenas bromas, aun a sus costillas. Eso es lo que hace de él un hombre de respeto, de valía, de huevos. La gente sigue al jefe no porque le tenga miedo, sino porque le tiene ley, porque ha luchado junto a él, ha ganado junto a él, se ha jodido junto a él... se ha reído y llorado junto a él.

Damián pensó por un segundo y le asestó otro izquierdazo a Dagoberto.

—Ya, cállate el hocico, ni que fueras el Colorado.

—Pues no, pero tú eres aferrado y más pendejo que todos los Alarcón juntos.

La camioneta salió del cerco policial por las transitadas calles de México. Damián respiró aliviado.

—¿Pos qué te digo, pinchi Dagoberto? Me salvaste la vida. De verdad que sí me asusté, cabrón. Y la otra verdad es que tú te viste muy chingón. Muchas gracias.

Dagoberto sonrió y le dio una palmada en el hombro a Damián, que suspiró con alivio. De nuevo la vio muy cerca. Ésta era su vida y ya nada podía hacer para cambiarla.

10 Trampa "hospitalaria"

Damián se dirigió al hospital para visitar a su hija Lucero, fruto de un amor prohibido que vive lejos de él. En el trayecto le reiteró a Dagoberto algunas de sus preocupaciones: ninguna de sus estrategias estaba funcionando; había confirmado su sospecha de que alguien estaba filtrando información precisa a la DEA y a los Alarcón. Damián vigilaba constantemente lo que sucedía a su alrededor y mantenía su mano derecha libre y cerca de la cintura, donde cargaba sus pistolas. Dagoberto le sugirió que cambiara de vestimenta.

—Es que, la neta, con esos pinches pantalones pareces Cantinflas, con esos dos bultos colgando ahí.

—Son tres bultos, carnal. A éste —y se frotó la entrepierna— no me lo hagas menos, que todavía funciona, y funciona muy bien.

—Yo digo de tus dos pinches pistolotas; no te hagas pendejo.

Damián sonrió. Había recobrado el humor, el hambre y las ganas de seguir en este mundo. Un mundo en el que algunos vivían bien y otros, simplemente jodidos. Dagoberto retomó la plática muy serio.

—Es que seguramente ahora mismo están revisando una a una las cintas de las cámaras de toda la ciudad y tarde o temprano te van a identificar con esa ropa.

—Tienes razón, carnal, pero ahora ya pasó lo peor. Tengo que terminar con lo que vine a hacer, antes de que otra cosa suceda.

Dagoberto asintió y miró el oso de peluche que su hermano no había soltado en toda la amarga aventura. Ese osito tenía destino, al igual que su hermano.

Al llegar a una intersección, la camioneta de Dagoberto se detuvo por un momento. Damián se bajó, aunque con reparos, para agradecer a quienes le habían salvado la vida. Se le acercó a un vendedor de tarjetas telefónicas, al de los periódicos, al limpiavidrios, a los travestis, a las putas, a las madres de familia, a los niños que sirvieron de escudo humano para que él pudiera escapar. Con todos se abrazó, a todos los recompensó: varios billetes de alta denominación eran el sello que garantizaba la seguridad que por años le habían proveído.

—Cada día hay menos gente en la que se puede confiar —les dijo.

A todos les agradeció su lealtad y se despidió de ellos con abrazos. Luego se encaminó de regreso a la camioneta donde lo esperaba su hermano. Reanudaron el camino hacia el hospital. Al llegar, se aseguraron de que el área estuviera despejada y estacionaron la camioneta en la parte trasera. Damián se bajó y entró al hospital por la morgue, donde la paz de los muertos le inspiraba confianza. Su hija gritó de júbilo al verlo.

—Papi, papito lindo... ¡viniste! ¡Estás aquí, conmigo! ¿Por qué te tardaste tanto?

La pequeña se incorporó de la cama de un brinco. La enfermera que estaba junto a ella se sobresaltó y trató de mantenerla quieta.

—Papito, ven... abrázame. Te extrañé tanto... No sabes cómo me duele el pecho cada noche que no estás, y lloro en la cama.

A Damián lo embargaron muchas emociones. Su corazón estaba hecho trizas al ver a su pobre hija, tan flaquita, tan débil, con esas ojeras tan grandes como si no hubiera comido en días. ¿De qué le servía tanto dinero? ¿De qué le servía tanto poder si su pequeña llevaba una vida de pobre, de enferma? ¿Por qué esa niña tenía que pagar todo el mal que él había hecho? ¿Por qué la vida le había permitido no terminar muerto o en la cárcel después de envenenar a tanta gente? ¿Para eso? Para que viera cómo su hija sufría, para que sintiera a través del sufrimiento de la niña que no importaba cuán poderoso, no importaba cuán rico, no importaba qué tan peligroso fuera, al final siempre terminaban por pasarle la cuenta y nunca tendría lo suficiente para pagarla. "Esa es la vida", pensó Damián tratando de controlar el llanto, "una mierda".

En un rincón, más alejada que la enfermera de expresión gris y tal vez más emocionada que la niña, lloraba Marcela, su madre. No se atrevía ni a respirar siquiera para no interferir en lo que su hija estaba viviendo. Qué complicado era explicarle a esa pobre niña cada día por qué su padre no estaba a su lado. Qué complicado era confirmarle a Damián que era cierto, que la niña se quedaba dormida llorando por su ausencia.

Qué difícil era amar tanto a un hombre que nunca estaba, que compartía esas ausencias con otras mujeres, en lechos calientes, o con hijos que tenían su misma edad y que, en términos de antigüedad, tendrían más derecho que ella a reclamar su cuerpo en una morgue si un día fuera necesario. Qué difícil era ser tan joven como ella e irse cada noche a dormir mojando en las lágrimas de su hija las ganas de tener a su hombre a su lado. Era una prisionera del hombre que amaba. Era una de tantas y tantas víctimas de Damián Torres, el Señor de los Cielos. Pero a diferencia de todos los demás, ella no solamente no lo odiaba: lo amaba. Quería que viviera muchos años, que fuera más fuerte, aunque con ello le diera el golpe final. Pero ella había aceptado vivir esa vida, no así su hija... Y era la niña la que recibía las migajas que le ofrecía ese hombre, que a decir verdad y a pesar de los lazos consanguíneos y sentimentales que les unía, era un completo extraño para ambas.

Marcela se había encargado de mitigar la ausencia del padre y de mantener vivo en el corazón de su hija el amor hacia él. A diario le hablaba de él, de lo bueno que era. El amor de Marcela hacia Damián era tan grande que lo había trasplantado en su hija. Ahora la niña quería más a Damián que a la misma Marcela, quien se sentía orgullosa de ello. Ese amor era su gran obra.

La pequeña se abrazaba con fuerzas a Damián, quien le hizo señas a la enfermera para que saliera. A continuación le pidió a Marcela que se acercara. Ella los abrazó a ambos, emocionada y confusa. Y también enojada por todo lo que había mostrado la televisión.

La niña, quién se recuperaba de un ataque de asma casi mortal, le reclamó con la franqueza lo que su madre no se atrevía: por su ausencia, por sus promesas no cumplidas, por el dolor que les causaba a ambas y especialmente por haber dejado de querer a su mamá. Damián miró a Marcela y suspiró.

—No, hijita, nada de eso es cierto. Yo tengo que trabajar para que todos estemos mejor.

—Pero es que no estamos bien sin ti, papito, nos haces falta. ¿Que no nos extrañas como nosotras te extrañamos a ti?

—Sí, mi hijita, las extraño con toda mi alma.

—¿Ya no estás enamorado de mi mamita?

Damián contestó sin pensarlo. El Señor de los Cielos también era el señor de las mentiras, y lo hacía de forma natural, sin inmutarse, como respirar, como caminar.

—Mira, mijita, tú mamá es la mujer que más he querido en la vida. Yo me casé con ella porque la amaba. Es por eso que tú eres la persona que más me importa: porque eres la huella del amor que mamá y yo vamos a dejar en este mundo.

Le aseguró que en unos pocos días iban a estar todos disfrutando el resto de su vida en un lugar que él estaba construyendo, lleno de príncipes y princesas, sólo para ella.

Lucerito estaba feliz al lado de su padre. Damián era un ángel para muchos y un demonio para otros. La niña le contó que le pusieron una inyección que le había dolido.

—Te traje el regalo que te prometí —le dijo Damián, y le entregó el osito de peluche, que nunca abandonó a pesar de los muchos tropiezos de las últimas horas.

—Papi, ¿tú sabes por qué mi mamá está triste? —preguntó la niña, con una sonrisa de agradecimiento por el regalo.

Damián dejó a Lucerito en manos del doctor y de la enfermera de expresión gris. Se acercó a Marcela con cautela, como el depredador que se acerca a la presa que abreva confiada en un estanque, sin detectar el peligro que se cierne sobre ella.

—Me voy a tener que ausentar por un rato, Marcela.

—¿Y qué? ¿No es lo que haces siempre?

—No, esta vez es por más tiempo.

—Pues que te vaya bien, Damián. Ahí te encargo que le mandes una postal a tu hija de vez en cuando.

—Ahora no es Lucerito la que me preocupa.

—¿Ah no? ¿No me digas que la pobre niña, que llora todas la noches por ti, ya perdió ese lugar de honor?

—No seas cínica, Marcela. La que me preocupa eres tú.

—Pues por mí no te preocupes. Ya me acostumbré a vivir sola, a no verte, a saberte metido en otras casas, en otras camas, en otros cuerpos.

—Sí, Marcela, todo eso es cierto, para qué te lo voy a negar. Pero también es cierto que en mi corazón sólo estás tú. Tengo más mujeres y me las cojo a todas, bien lo sabes... pero sólo te amo a ti.

—¿Cómo tienes el descaro... después de tanto tiempo de no verme, de venir a hablar aquí de tus putas? Aquí, tan cerca del lecho de tu hija enferma.

—Es que ellas no valen nada, no importan. Sólo tú eres dueña de mis sentimientos, de mi corazón, de mi mente...

—¿Y Ximena? ¿No me digas que ella también es una... una mujer que no vale nada y que no ocupa ningún lugar en tu corazón? Porque, aunque te divorciaste de ella para casarte conmigo, ella se sigue sintiendo tu esposa. Y peor aún: para tu familia, ella es la única "legal". Tan legal que sigue viviendo bajo el mismo techo, como tu señora, mientras que yo me tengo que conformar con un papel que a estas alturas no sé si lo compraste o si lo firmaste a la buena.

Al escuchar ese nombre, se le baja por completo el ánimo a Damián. Mejor hubiera sido que nombrara a la DEA, al ejército mexicano, a todas las fuerzas policiales del Estado, a los Alarcón, su peor pesadilla... al mismísimo demonio, pero no a Ximena.

—No sé cuánto tiempo tenga que desaparecer. Seguramente va a ser más de lo que estás acostumbrada, pero cuando vuelva, voy a ser otro hombre... un hombre que va a poder compartir la vida contigo, que eres la mujer que más amo y deseo, y con mi hija, la única hembrita que es sangre de mi propia sangre, el ser más sincero e inocente al que no le importa quién soy y qué le debo. Ella simplemente me ama y ya está.

—No entiendo nada, Damián...

—No importa, Marcelita. Mejor aún. Piensa que este sacrificio es la puerta de entrada a nuestro futuro. Ahora sólo te queda confiar en mí...

—Siempre lo he hecho, Damián...

—Lo sé, Marcela. Por eso estoy aquí dándote explicaciones. Yo estoy aquí porque te amo. De otra forma, sólo te habría mandado un portafolios lleno de dinero para que te las arreglaras como pudieras.

Damián se acercó al cuerpo de Marcela. Ésta se jura que jamás volverá a nombrar a Ximena, porque es ella la que sale perdiendo. Marcela se deja amar.

Tras las aclaraciones a Marcela, el Señor de los Cielos se marchó con el mismo sigilo que había llegado. Lo acompañaba el Tuercas, siempre listo para proteger a su jefe.

Ya en la camioneta, Damián sostuvo una reunión de trabajo con Dagoberto. Le pidió, en primer lugar, que por ningún motivo deja-ra desamparadas a Marcela y a su hija. Si ocurriera algo, Dagoberto quedaría a cargo de las operaciones de la organización, Domingo, su otro hermano, de las finanzas, y el Traca Traca sería el máximo jefe de seguridad.

Dagoberto miró al Tuercas directamente y sin quitarle los ojos de encima le preguntó a Damián.

—¿Y el Tuercas?

—Éste se va conmigo... al cielo o al infierno, pero se va conmigo. Ya no confío en nadie más.

Damián también le advirtió que no iban a pactar ningún tipo de acuerdo con el gobierno, que el negocio tiene que continuar como hasta ahora. Luego sacó un papel arrugado de su cartera y se lo pasó a Dagoberto.

—Mira, carnal, ésta es una lista de todos los contactos de la mercancía: proveedores, distribuidores, transportistas, camellos, soplones, clientes. De aquí, de Colombia y de Estados Unidos. Perdona que no te lo haya pasado en limpio, pero el pendejo del Tuercas aún no aprende a encender una computadora.

Para los tres quedó claro que el tiro estaba pactado; sólo era cuestión de tiempo.

—Y mira, no estoy seguro de que el Tuercas y yo nos podamos dar el gustito, pero si no lo logro, quiero que te chingues a cada uno de los Alarcón, que los envuelvas en mantas con estampado de piel de tigre y que, con su moñito de regalo, se los mandes a sus pinches viejas.

—¿Y sus familias?

—También. No quiero que dejes a nadie de esa prole en este mundo. Ésta es una cuenta demasiado añeja en la cual se juegan muchas cosas. Ni a tus hijos ni a los míos les conviene que quede un chingado Alarcón en este mundo. Piensa que es parte de la herencia que les vamos a dejar.

—¿Estás seguro, Damián...?

—Claro que no estoy seguro, Dagoberto, no preguntes mamadas. A estas alturas no estoy seguro de nada, pero no tengo tiempo de andar pensándolo ni de contratar un maestro particular de filosofía.

Dagoberto negó con la cabeza sin saber qué contestar.

—Además, eso es lo que yo quiero... pero bien sabes que los cabrones no están mancos. Así que ponte abusado, porque no quiero regresar para enterarme que te madrugaron.

—Pues ya viste que, por lo menos hoy... el madrugado fue otro.

Con la rapidez con que ataca una víbora de cascabel, el Tuercas extrajo su pistola del cinto y se la colocó a Dagoberto en la frente. Con la misma rapidez, Damián levantó la mano y la puso sobre la mano armada del guardaespaldas.

—Dale gracias a Dios que eres mi hermano y que hoy me salvaste la vida, porque nadie me habla de esa manera, ni siquiera tú. ¡Baja el arma, Tuercas!

El Tuercas no obedeció al primer grito de Damián: estaba demasiado encabronado para entender razones. Si se había contenido de levantarse a romperle la madre a su patrón cuando volaban sobre el Pacífico, hoy no tenía muchas ganas de dejarle de meter un plomo a su hermano.

Damián lo entendió en el acto, y con la misma velocidad con que un boxeador lanza un *jab*, sacó la pistola que le quedaba en el lado chueco y se la puso al Tuercas en la cabeza.

—¡Que bajes el arma, Tuercas! No es porque sea mi hermano, es porque yo te lo estoy diciendo, ¿comprendes?

El Tuercas respiró hondo —aunque no tanto como Dagoberto—, hizo tronar el seguro de la pistola y la guardó en el cinturón. Damián hizo lo mismo. Miró por la ventana de la camioneta hacia el cielo y con voz pausada expresó.

—No quiero volver a oír más de este asunto.

11 El Colorado

——¿Sí crees que sea una buena idea despedirse del Colorado, como están las cosas? —preguntó Dagoberto a su hermano, que se había recostado en la ventana de la camioneta.

—Dagoberto, tal vez no te acuerdes, pero la persona que nos ayudó cuando estábamos en la completa fregada, que no teníamos ni un taco que llevarnos a la boca, fue el Colorado. Ese bato, sin ser siquiera de nuestra familia, se quitó la camisa para que nosotros no tuviéramos frío.

—Sí, Damián, todo eso lo sé, pero...

—Nada, Dagoberto, si la vida nos pega tanto como para olvidar despedirnos de la poca gente que vale la pena, pues mejor estar muerto... porque vivos, no valemos nada.

Dagoberto no dijo más, afirmó con la cabeza y estiró la mano para que su hermano menor se acercara y le diera un abrazo. Fue un abrazo incómodo, incompleto: ese día, en las calles de la ciudad de México, en Reforma e Insurgentes para ser exacto, algo se había roto para siempre entre los dos hermanos.

Damián llegó a una clínica de la colonia Nápoles de la ciudad de México. Lo seguía el Tuercas que miraba a todos lados con el mayor descaro. En el interior estaba solo el viejo Hipólito Bravo, el Colorado, que veía en la tele la transmisión en cadena de la supuesta captura de Damián Torres. Al ver a Damián, sonrió.

—Así es compadre... lo voy a hacer, ya estoy decidido. Ni me digas, compadre... ya sé que piensas que es una mamada, yo también... pero ¿qué chingaos quieres qué haga? Ora sí que, como dicen los colombianos, toca.

—Mis huevos en tu jeta es lo único que te toca, cabrón. Sigues siendo el mismo pinche escuincle loco y atrabancado de siempre. Mira, cabrón, métete bien esto en la cabeza: todo lo que vayas a hacer, si es por la familia, está bien; si no, sólo le estás haciendo al pendejo. Eres un cabrón egoísta que hoy, mañana o el año que entra vas a morir solo, como un perro... en una cama o en plena calle con una bala en la cabeza; pero solo, ni siquiera con el recuerdo de alguien al que le dejas un mundo más cómodo para vivir.

—Es precisamente por mi familia que hago todo esto, Colorado...

—¿Sí, cabrón? ¿Y por cuál de todas tus familias?

—Por la que se ha ganado un lugar en mi corazón, por la que quiero vivir lo que me resta de vida, por la que más me necesita ahora.

—No, pues, si lo jijo de la chingada no se nos va a quitar nunca. Ahora resulta que estás enamorado. ¿No, cabrón? Bueno, por una hembra tan buena y hermosa como la Marcela...

—Estoy loco por ella, compadre...

—Sí, güey, también te volviste loco por Ximena y mataste a dos cabrones y echaste tu vida a la mierda para siempre. ¿No me digas que ya se te olvidó?

—No, compadre, usted sabe que los primeros cristianos que uno se echa al plato jamás se olvidan. Que sus ojos sin vida están ahí cada vez que cierras los tuyos para intentar dormir.

—Entonces, nada de esto lo haces por tu familia, por esa que conocemos todos, Ximena y tu hijo Alejandro, ¿verdad?

—Ximena es mi mujer; es como una cosa loca... aunque estemos divorciados, aunque me haya casado a la buena con Marcela, Ximena sigue siendo mi esposa. Aunque nos hayamos divorciado fue, es y seguirá siendo mi esposa. La quiero y la respeto; siempre ha estado a mi lado, en las buenas, en las malas... en las peores; pero...

—No hay pero que valga. No deberías hacer la locura que estás pensando porque eso te va a terminar de alejar para siempre de tu verdadera familia, la que respetamos todos los que estamos en el negocio, la que convive con tu madre y con tus hermanos, la que el día de mañana va a ir a recoger tu cadáver donde chingaos hayas caído. ¿Que no te das cuenta? Mira Damián, sé que si por ti fuera, ahorita me metías unos plomazos para que me callara la boca, pero no olvides que yo no soy tu conciencia, no olvides que aunque de mí escucharas lo que quieres, esa voz en tu cabeza que te exige hacer lo correcto no se va a silenciar con nada.

Damián no podía más y se jugó el último as que tenía bajo la manga para cambiar el tema.

—He dado la orden de que acaben con los Alarcón y con toda su prole.

—Tú bien sabes que hay un código de honor en este negocio, Damián. Ese no lo puse sólo yo... fuimos varios, y a cada uno de ellos le debes ahora un poco de lo que eres. Jesús Gonzalo Alarcón Gallardo, tu tío Benito y yo, los llamados padrinos del narcotráfico mexicano, acordamos que, en este negocio, no se matan a las familias, y no lo acordamos porque seamos buenas gentes: lo hicimos porque eso es mejor para el negocio.

—Pues no para mi negocio, compadre. Ya estoy harto de que los Alarcón me estén cazando como si fuera un perro y cuando les hago frente se van a meter bajo las minifaldas de sus viejas y los amantes de su madre.

—Eso no te da derecho a matarlas a ellas ni a sus hijos.

—Ya es demasiado tarde. Que cada quien agarre a sus hijos y que los ponga en el lugar más seguro que encuentre.

—¿No me digas que el lugar más seguro que encontraste para tus hijos fue detrás de otra cara?

De nuevo el viejo lo vuelve a poner en jaque, pero el hábil Señor de los Cielos se sale por la tangente.

—Creo que Romero Valdivia y el general Marcial le están dando información a la DEA y a los Alarcón.

—¿Y qué te preocupa? Con lo que piensas hacer hoy no te van a poder pescar jamás. Mira Damián, te has convertido en un problema de seguridad nacional para los gringos; ellos van a hacer hasta lo imposible para acabar contigo... Ahora que diste la orden de asesinar a los Alarcón y a sus familias, ¿cómo crees que van a reaccionar ante eso? Te has buscado muchos enemigos y tus enemigos se han buscado muchos soplones. Es la ley de la vida.

—Es por eso que yo tengo que buscar la forma de dejarlos sin soplones.

—Pues sí, eso sería lo correcto, el problema es que esos putos son más escurridizos que las ratas del subsuelo. Pero si pescas a uno, no lo pienses: ¡retuércele el pescuezo!

—Sí, eso voy a hacer, y ya sé por dónde voy a comenzar.

—Mira, haz lo que tienes pensado, busca un sucesor para los negocios, no se pueden detener, tienes muchos compromisos a los que no puedes fallar. Cumple con tu familia, ayuda a la gente del pueblo, que al fin y al cabo esos son los que mejor te van a cuidar.

El Colorado y el Señor de los Cielos se fundieron en un abrazo, como si este último nunca fuera a volver.

—Siempre te voy a estar agradecido, compadre, has sido como un padre para mí —dijo Damián.

El Colorado le respondió con un abrazo a Damián. Se abrazaron con fuerza, como si cada uno quisiera dejarle sus demonios al otro, como si ambos fueran a una guerra de la que nunca regresarían.

—Así es compadre, tú también eres para mí el hijo que nunca tuve —dijo el Colorado, con el ojo aguado.

12 : En la boca del lobo

Tras ser torturados, los secuaces de Damián detenidos en el operativo del taxi fueron trasladados a las dependencias de la Procuraduría General de la República (PGR) para ser presentados en una ruidosa rueda de prensa con asistencia de corresponsales extranjeros. Las autoridades pretendían mostrar esta captura como el "acontecimiento del siglo". Sin embargo, la ausencia del Señor de los Cielos entre los detenidos los dejaba en ridículo.

Después de visitar al Colorado, Damián se reunió con su hermano Dagoberto. Más seguro que nunca, le informó que todo estaba decidido. Dagoberto asintió y le confirmó que el plan para que él "desapareciera" estaba en marcha. Sin embargo, había un detalle que no podían pasar por alto.

—Tengo que ver al pinche Marcial —dijo Damián en tono decisivo.

—No mames, carnal —contestó Dagoberto alarmado—, lo del Colorado pasa, pero, ¿por qué chingados le tienes que ir a oler los pedos a ese pinche general ojete? Si ése fuera tu cuate, nos hubiera avisado de ese cabrón operativo, que fue más grande que el que hicieron los gringos para darle en su pinche madre al "Jusein" ese.

—No tengo opción, carnal. Precisamente porque ese güey no las puede todas con el ejército, ni con los de la DEA, tengo que ponerme de acuerdo con él para lo que venga.

—No te entiendo, Damián, neta que tú estás perdiendo la dimensión de las cosas. Primero lo de Chile, luego la emboscada aquí... ¿Qué falta? ¿No quieres que te lleve a mentarle la madre al Presidente a los Pinos?

—No es mala idea. Pero por ahora tengo que darle la respuesta al general Marcial acerca del desmonte del negocio en el país a cambio de un trato digno.

—Bueno, carnal, como están las cosas entre nosotros, ya mejor ni te digo nada. Tú sabes, y si necesitas algo, ahí me avisas... de todas maneras ahí tienes a tu pinche Tuercas pegado como si estuviera enamorado de ti, ¿qué no?

Dagoberto llevó a su hermano a la cita con el general. Damián conservaba todo el coraje que le había provocado haber sido víctima de un operativo de las Fuerzas Armadas, lo que demostraba que los pactos se habían roto. Pretendía aclararle al general que no estaba dispuesto a negociar con un gobierno que no cumplía sus acuerdos.

El general Marcial llegó puntual al lujoso hotel donde se había citado con Damián. Se acomodó en la barra y pidió un trago. Damián llegó unos minutos más tarde. Con la misma cara que el General siempre ha usado para burlarse de él, lo saludó efusivamente.

—Vaya, general, qué buen lugar escogiste. No sabes las ganas que tengo de tomarme un trago tranquilo. Así que te voy a dejar algo bien claro: no me estés chingando al rato que ya ande medio pedo.

—No, Damián, no te aceleres, estamos entre amigos. Tómate uno o dos tragos y luego hablamos de negocios. ¿Qué te parece? Anda, yo invito.

—Mira, general, la verdad es que sólo porque me caes bien y porque sé que aquí tú sólo eres el mandadero, ora sí que el correveidile, no te meto un plomo en la frente. Bueno, ni siquiera te doy un chingadazo. Bueno... te la pongo más fácil: ni siquiera te miento tu reputa madre.

—Cantinero, sírvame igual y doble de lo que pida el señor.

—No puedo creer que tengas tan poca madre de cazarme por la calle como si fuera un pinche perro rabioso y luego me vengas a ofrecer que me tome una copa doble como si nada hubiera pasado. La neta, qué poca madre tienes.

—Damián, tú bien sabes que yo no tengo nada que ver...

—No, Marcial, no te confundas. Yo no estoy seguro de nada, pero si algo me sobra son huevos para venir a averiguarlo.

Sin más, Damián Torres, el Señor de los Cielos, sacó sus dos pistolas y las puso sobre la barra, para susto del cantinero, quien hasta entonces lo reconocía.

—¿Qué me ves, pendejo? ¿Soy o me parezco? Dame un tequila reposado doble, y búscame algo chingón de comer que no quiero que me caigan los alcoholes a pelo porque me pongo muy pesado y me da por meterle las pistolas por el fundillo a los metiches que atienden el bar. ¿Cómo ves?

—Damián, tranquilo, no te desquites con el pobre señor.

—Bueno, dile al pobre señor que quiero tacos, de esos pinches tacos de trompo que ustedes le llaman de *bulldog* o al pastor, o de un pinche perro que seguramente es de la carne que ustedes los hacen... pinches chilangos marranos.

El cantinero reaccionó al fin y salió caminando lentamente con la moral por el suelo y los huevos en el pescuezo. Marcial, muy tranquilo, le dio vuelta a la barra, tomó la botella del mejor tequila reposado que encontró y le sirvió un trago grande a Damián.

—Me cae que eres un lambiscón, Marcial. Si así eres conmigo, ya me imagino lo rastrero vil que debes ser con tu pinche jefecito, ese traidor de los Pinos.

—Mi jefe no es un traidor, Damián...

Damián no aguantó más y dio un fuerte golpe en la barra que hizo que se derramara el trago que Marcial le acababa de servir. Éste, sin inmutarse, le sirvió otro trago y luego sacó un trapo y comenzó a limpiar.

—Claro que es un traidor. No tiene palabra, no tiene huevos para sostener lo que sale de su hocico. Pero eso sí, pide y pide... Quiere que yo sea su pinche gato, como lo eres tú, pues. ¿Sabes qué? Se va a ir a chingar a su madre. No pienso pactar ni contigo ni con él ni con ninguna de sus chingadas madres...

—A mí se me hace que eres hipoglucémico, Damián, y cuando no comes te pones de malas. No te apures, ya fueron por tus tacos, no tardan... Anda, tómate ese trago para que vayas haciendo estómago.

—Y ¿quién me dice que no está envenenado? ¿A ver? ¿Quién me dice que, como tú y todos tus pinches soldaditos son una bola de pendejos y no pudieron agarrarme en la calle, como hombres, a punta de chingadazos, a plomazo limpio, ahora mandaron a esa pinche espía india o china... ¿cómo se llamaba? ¿Esa que estaba muy buena y bailaba y cogía cabrón y no sé qué tantas chingaderas? Mata... Mata...

—¿Mata Hari?

—Esa mera. Por lo menos me hubieran mandado a una vieja bien buena para envenenarme... no a ti. A mí no me laten los putos y tú... para eso me gustabas: ¡puto!

—Nadie está tratando de envenenarte, Damián, no nos subestimes. Tuviste suerte hoy en la calle, para serte sincero... tuviste suerte que yo no estaba al mando.

—Si no tienes pistola, toma una de estas, general.

—Tú bien sabes que tengo órdenes precisas que obedecer y que no puedo agarrarme a balazos contigo.

Damián sonrió con malicia, sintiendo que todo el poder que le daba ser el Señor de los Cielos, el narcotraficante más poderoso del mundo, deslumbraba hasta a un militar honorable y bragado como el general Marcial.

—Pero, ¿qué te parece si te quito lo hablador con dos madrazos en el hocico? —continuó diciendo el general.

Ahora Damián sonrió complacido, sabiendo que frente a él tenía a un hombre con valor.

—Me parece muy buena idea, Marcial... muy buena idea. Sólo que vamos a poner interesante este asunto. Si te pongo en tu madre, tú me vas a soltar nombre y apellido de todos los soplones que me están poniendo con ustedes, con la DEA y los cabrones de los Alarcón. Ahora que si me pones en mi madre... te voy a dar cinco millones de dólares.

Marcial, completamente serio, hizo un gesto de negación.

—No, Damián, si yo te gano, tú me vas a dar nombre y apellido de tus contactos en la frontera con Estados Unidos.

Damián lo pensó por un momento; sabe que él pierde más, pero las manos le cosquillean y las piernas quieren bailar... todo su cuerpo le ordena que acepte el tiro, que se dé el lujo... que una madriza como esta no la va a conseguir en ningún lado.

—¡Órale! Me late —le respondió Damián, ofreciéndole la mano. Marcial apenas sonrió.

—Tengo que advertirte, Damián Torres, que soy especialista en artes marciales: cinta negra en karate y judo.

Damián soltó una sonora carcajada, movió el cuello de un lado para otro hasta que le tronó.

—Me vale madres... Yo en mi otra vida fui boxeador y no te la vas a acabar, pinche soldadito de plomo.

Damián se guardó sus pistolas en el cinto. Después, ambos se dirigieron al estacionamiento a darse de chingadazos.

En las oficinas de la PGR, su director les hacía saber a Jim, el agente de la DEA, y al general del ejército a cargo del operativo, que los periodistas congregados en la sala de prensa estaban impacientes por hacer pública la noticia del año: la supuesta captura del Señor de los Cielos.

El general Marcial y el Señor de los Cielos se encontraron con Daniela Montoya en el vestíbulo del hotel. La mujer, joven y hermosa, llevaba en sus brazos protectores un bebé que, para su desgracia o fortuna, era la viva imagen de Damián. Éste recordó de inmediato cuánto disfrutaba meterse en la cama con esa bella mujer sonorense.

—Hola, Señor de los Cielos. La neta que es más fácil conseguir una entrevista con el Papa que contigo, güey... Nada más no me vayas a salir con el viejo truco de que no te acuerdas de mí, eh, que ya estamos grandecitos.

13 Del *Table Dance* a la guardería

Damián había conocido a Daniela Montoya tres años antes en un *table dance* de la colonia Roma, el Osiris. Había llegado a ese antro a invitación del dueño del lugar, un argentino arrogante de apellido Avellaneda. El hombre le ofrecía un turbio negocio: traer mujeres hermosas —prostitutas— de cualquier parte del mundo. Sus clientes potenciales, explicó el argentino, eran los políticos rateros, los industriales explotadores, los policías secuestradores y otros de la misma ralea.

—¿Material mexicano? —preguntó Damián

—Por supuesto que no —respondió Avellaneda—. Éste es un negocio con calidad de importación... No dudo que en este país haya bellezas que se puedan comparar con las que traemos de fuera, pero, mire don Damián, su país es muy, ¿cómo le llaman ustedes?, ¡malinchista! Y yo le aseguro que si a un cliente le dan a escoger entre una gringa rubia de ojos azules y una medio prieta y medio blanca y de pelos pintados de Sinaloa o Sonora...

Damián saltó enfurecido, cual gato montés, con una de sus escuadras en la mano y sujetó a Avellaneda por el poco cabello que le quedaba.

—Mira, cabrón, ni tú ni ningún pendejo viene a mi tierra, se enriquece con nuestro dinero y luego se pone a hablar mierda de nuestras mujeres —le gritó Damián, embutiéndole la escuadra en la boca con tal violencia que le rompió los dientes frontales.

—Viejas como esas de las que te acabas de burlar son mi madre, mis tías, mis primas, mi esposa, mi hija... Así que grábatelo muy bien pendejo: aquí en México nos jodemos unos a otros. Sí, muy cierto, eso no se lo podemos negar ni a ti ni a nadie, es nuestra naturaleza. Pero no aceptamos, por ninguna puta razón, que venga alguien de fuera a jodernos.

Damián hizo una pausa y le asestó otro golpe con la escuadra, ahora en la frente, causándole una herida que comenzó a sangrar profusamente.

—Me imagino que, si así te expresas de mis paisanas, seguro que las has de tratar muy mal. Pos, pa' que sepas, cabrón, desde Badiraguato, Sinaloa, se te apareció el hijo, el hermano, el pariente y el padre de todas las viejas que con el sudor de sus nalgas vienen a ganarse un dinero para mantener a unos viejos padres o a unos pequeños niños... O nada más porque ¡son bien putas y les gusta la verga! Por lo que sea. Ni tú ni nadie va a venir a chingarles el negocio, mientras le recen al santo Malverde o a su sucesor, el Señor de los Cielos.

Damián le dio el último putazo a Avellaneda, que cayó lloriqueando muerto de miedo sin poder articular palabra alguna. Damián montó su pistola al mismo tiempo que lo hacían el Tuercas y el Traca Traca... Pero, para suerte de Avellaneda, en ese momento entraron unas veinte bellas mujeres de distintas nacionalidades ataviadas con reveladores vestidos. Los tres bajaron sus armas y se dispusieron a divertirse con las recién llegadas. La orgía se prolongó por un par de horas. Mientras tanto los guardaespaldas de Avellaneda lo sacaron del lugar a toda velocidad. Al final Damián repartió billetes de cien dólares entre los meseros y encargados de limpieza y se sentó en la barra.

—¿Le sirvo algo, señor? —le preguntó la bella cantinera, Daniela Montoya.

—Un tequila reposado, por favor.

Daniela se dedicó a servirlo, sin sonreír, solícita pero sin zalamerías.

—¿Tú sabes a dónde se llevaron al argentino puto ese?

—No, señor, yo sólo le dije a Evaristo que lo sacaran por la puerta de atrás y se lo llevaran para que no lo molestara más esta noche.

—¿Y sabes quién trajo a todas estas mujeres para salvarle el pellejo a ese jijo de su reputa madre?

—Las muchachas trabajan aquí de planta cada noche, señor, y como vi que usted ya se estaba aburriendo de "platicar" con el señor Avellaneda les dije que salieran a darle la bienvenida.

—Entonces, ¿tú fuiste la que salvaste a ese ojete? ¿O tú eres la dueña de este changarro o la vieja de ese joto... o qué chingaos?

—Yo no soy más que la cantinera, señor Torres. Yo venía para buscar una oportunidad para bailar aquí, pero como soy mexicana de Sonora... bueno, ya vio usted lo que piensa el señor Avellaneda de nosotras.

—¿Aún así le salvaste la vida a esa mierda?

Daniela sonrió por primera vez con la malicia que tanto le gustaba a Damián, como una leona que sabe que tiene a su presa en su poder y aún se da el lujo de jugar con ella.

—Hay pendejos para los que seguir viviendo es un castigo mayor que morir de la peor manera, Señor de los Cielos, o como se llame.

14 · Una sorpresita más

Damián sonrió. Sus ojos brillaron de júbilo al recordar los días locos y las noches plenas que vivió con esa mujer durante dos o tres meses, antes de salir corriendo del Distrito Federal después de darle muerte al procurador de justicia. "Hay pendejos para los que seguir viviendo es un castigo mayor que morir de la peor manera".

La leona sonrió y se abrazó de su rey león, cruzándole una pierna por la cadera. La diferencia de estatura entre ambos obligaba a Damián a pararse de puntillas para besarla.

—Déjame te busco un banquito, mi amor, o nos salimos a la banqueta.

—No comiences con tus payasadas, Daniela, ¿que no ves que estoy muy ocupado con el general? ¿Por qué no me das unos quince minutitos?

—Bueno, cabrón, total, si llevo como dos horas esperando, que no te espere quince minutos... Pero, eso sí, dale un abrazo a Damiancito, que te extraña mucho. Ya hasta le compré su primera pistola de juguete y un kilo de alfalfa para que vaya practicando...

Damián tomó al niño entre sus brazos y lo besó con mucho cariño; luego, comenzó a jugar lanzándolo por los aires. El niño reía complacido.

—Ya ves, güey, si es igualito a ti: es el Niñito de los Cielos.

Los dos hombres rieron de las ocurrencias de Daniela, que tomó al niño en el momento justo en que aparecía el Tuercas con un portafolios.

Daniela, que conocía bien la rutina, reaccionó airada.

—Ah no, cabrón, no vayas a salir con tus mamadas. Yo no te estoy buscando por tu dinero. Me caes bien, me late tu rollo provinciano y que le tengas cariño al chavito, pero nada más.

—No comiences con tus payasadas de siempre, Dani. Esto es para que tú y Damiancito se la lleven leve.

—Pos ya te dije que no, cabrón, y te lo he dicho muchas veces. Mira —dijo Daniela, suavizando el tono de voz y acariciándole la mejilla— voy a entrar al restaurante para esperarte, le voy a dar algo al niño y voy a comer algo, y tú pagas la cuenta, ¿te parece?

Damián movió la cabeza de un lado a otro, conmovido.

—Vamos, Tuercas, te invito a comer... puedes pedir lo que quieras.

Al darse la vuelta, Daniela, coqueta, le guiñó un ojo a Damián.

Fue en ese momento que entraron los hombres de Alarcón, armados hasta los dientes y tirando bala a diestra y siniestra.

Marcial y el Tuercas respondieron el fuego y le causaron las primeras bajas al enemigo.

Damián se lanzó de inmediato a toda carrera hacia donde estaban Daniela y su hijo para protegerlos con su cuerpo; los lanzó a ambos al suelo. Daniela tuvo que girar su cuerpo completamente para caer de espaldas y no hacerle daño a Damiancito, quien, a pesar del ruido y de la embestida asesina de la gente de los Alarcón, no dio señales de miedo ni derramó lágrima alguna. Mientras mantenía a Daniela en el suelo, Damián sacó una de las pistolas y se la puso muy cerca.

—Dani, dame al niño... Toma la pistola y responde al fuego. Vamos a sacar a nuestro hijo de aquí a como dé lugar. Dámelo, tú no puedes disparar y cargarlo al mismo tiempo, y yo sí.

Daniela, con la confianza que se le tiene a un amigo más que a un amante o al padre de su hijo, le pasó al niño. A la señal de Damián, ambos se levantaron y comenzaron a disparar empleando todo el poder de fuego de sus pistolas escuadras. Luego, aprovechando que el Tuercas y el general Marcial los cubrían, corrieron por el vestíbulo bajo el nutrido fuego de los atacantes, tratando de encontrar un lugar seguro para dejar al niño y volver a la batalla.

Los Alarcón disparaban a diestra y siniestra, sembrando el terror en un sitio público, como de costumbre. Los huéspedes gritaban aterrados; los empleados del hotel eran incapaces de protegerlos. El Tuercas y el general Marcial se batían a sangre y fuego. Daniela, disparaba tratando de acabar primero con los que empuñaban armas largas. Damián, tumbado en el piso, disparaba sin parar para cubrir a Marcial y al Tuercas y darles tiempo de llegar hasta donde estaba Daniela. Una vez que se reunieron con ella, los tres cubrieron la salida de Damián, quien logró llegar a donde estaban ellos. A continuación tomó al niño en sus brazos y corrió hacia la escalera principal seguido muy de cerca por Daniela y Marcial y más atrás, cubriendo la huida, el Tuercas.

—¡Marcial, no dejes muy atrás al Tuercas! Cuando se le baja la autoestima o el perico, le da por hacerse el héroe —dijo Damián a gritos.

—No se preocupe por mí, jefe, los pendejos de los Alarcón mandaron a los *junior* y ya casi les dimos en la madre. Vaya tranquilo que lo voy siguiendo —contestó el Tuercas.

Damián sabía que eso no era cierto. Él mismo había visto a los hermanos de la muerte, a los Alarcón, y a sus hombres, y le constaba que eran curtidos gatilleros y que venían bien armados.

—Tú tienes la pinche culpa de que a ese güey le dé por sentirse superhéroe —le grita Damián a Daniela, encabronado.

—Chale, ¿yo por qué?

—Seguro que le volviste a decir al pendejo ese que querías que fuera el padrino de Damiancito, ¿no?

Daniela ni siquiera pudo contestar. Damián gritaba, desesperado, mientras recargaba su arma con una mano y sostenía al niño con la otra.

—Además, ¿por qué no me avisaste que le ibas a poner Damián? Ya sabes que ese nombre no me gusta...

—Pues le iba poner Ximeno; pero, pobrecito de mi niño. ¿Él qué culpa tiene? Si quieres le decimos a la vieja bruja de tu esposa que sea la madrina.

Las carcajadas del Tuercas retumbaron en todo el hotel. Marcial no sonrió pero la presencia del Tuercas lo hacía sentir menos vulnerable y le daba esperanzas de salir vivo de este tiroteo. Sonó otra ronda de detonaciones. Los Alarcón, con las armas y los odios recargados, seguían avanzando en busca de su víctima.

Damián corría llevando consigo a su hijo seguido por Daniela y por Marcial. En un sólo día el Señor de los Cielos había tenido en sus brazos a los hijos que había procreado con las mujeres que más quería, o por lo menos con dos de ellas. De una fuerte patada derribó la puerta de la azotea en donde los esperaba un helicóptero que había dispuesto el Traca Traca. Daniela y el niño subieron al helicóptero. Damián volvió a cargar su pistola y volvió al infierno. Se cruzó con Marcial, quien le ofreció su pistola.

—No va a haber poder humano que nos impida rifarnos ese tirito, general. Nadie me va a quitar el gusto de medirme con un verdadero hombre —dijo Damián, consciente de que la apuesta iba a quedar pendiente.

Marcial sonrió, asintió con un gesto y corrió en dirección diferente a la de Damián. Éste sabía muy bien que el Tuercas no iba a poder salir de ahí sin que alguien cubriera su escapatoria y ese alguien era él. Lo lograron sin que nadie supiera cómo. Según los rumores, el jefe del comando era sobrino del Tuercas y les dio vía libre o que Dagoberto había comprado a muchos de los gatilleros de los Alarcón o que Daniela no sólo había pasado por los brazos de Damián sino de otros. Lo cierto es que Damián llevó al Tuercas al helicóptero casi a rastras, justo a tiempo para escapar de las balas de sus enemigos.

Entre aullidos de sirenas, los Alarcón, frustrados y jurando vengarse, se alejaron por el camino que habían llegado. La suerte estaba del lado del Señor de los Cielos. ¿Quién estaba tras cada uno de sus pasos? Por ahora, y sólo por ahora, seguiría siendo un secreto.

Damián respiró aliviado al sobrevolar la ciudad de México al lado de Daniela y su hijo, por quien se había jugado la vida.

—¿Tons qué, güey? —rompió el silencio Daniela—. ¿Sí vas a venir al bautizo de Damiancito? ¿O vas a dejar que el Tuercas lo bautice solo?

El Tuercas miró al niño conmovido, de la misma forma que Damián lo miró a él.

—Bien sabes que me encabronan estas joterías... pero claro que voy a estar ahí. ¡Es mi hijo! ¿Qué no?

Daniela le respondió con esa sonrisa y ese brillo en los ojos que sólo tienen las mujeres inteligentes.

—Ya lo sé, Damián. Lo que tú no sabes es que siempre vas a poder contar conmigo, a pesar de todos los peligros a los que te enfrentes.

Mientras tanto, en las oficinas de la PGR se habían congregado importantes funcionarios de la seguridad mundial para comparecer ante la prensa nacional e internacional. Estaban presentes el director de la DEA para México y el Caribe, el comandante del ejército y el director del servicio de inteligencia. El director de la PGR ofreció disculpas por las informaciones que se habían filtrado. No obstante, ya todos habían llegado a la conclusión de que ninguno de los detenidos era el Señor de los Cielos sino que se trataba de dos de sus más cercanos colaboradores, quienes mostraban huellas acusatorias de las brutales torturas a que habían sido sometidos. Los periodistas estaban horrorizados. El mismo director de la DEA se sorprendió ante el cinismo del jefe de la PGR al declarar que los delincuentes se habían resistido al arresto y que las fuerzas del estado, debido a su peligrosidad, sólo habían actuado para proteger su integridad.

15 : Un preso muy peligroso

El helicóptero aterrizó en el patio central de un penal de máxima seguridad, uno de los más seguros e impenetrables del mundo. Los presos estaban asombrados, pero más lo estaba el general Marcial: nunca se imaginó que el narcotraficante entrara y saliera de este lugar con tanta facilidad.

—Me da pena, general, ponerlo en medio de todo esto, pero me urgía venir a hablar con el hijo de la chingada que está aquí metido. Ese cabrón es el culpable de todo lo que me está pasando—dijo Damián.

—A las instituciones penitenciarias del país se entra de otra forma. Para eso hay unos requisitos que... —protestó el general.

Damián lo interrumpió, poniendo su mano sobre el antebrazo de Marcial.

—General, ya hicimos las cosas como usted quería. Ahora se hacen a mi manera —le dijo, mirándolo fijamente a los ojos. Tras una pausa de un par de segundos, agregó: —General, sabiendo la clase de persona que es quiero pedirle nuevamente lo mismo: si algún día me pasa algo, proteja a mi familia.

—No te preocupes, Damián, después de esta tarde, Daniela y Damiancito ya son como de mi familia. Yo te cuido ésta... preocúpate por las otras.

Damián cerró la puerta de la aeronave y le ordenó al piloto que se llevara al general, a Daniela y al niño. Se despidieron de él con todo tipo de señas y gestos, entre ellos algunos obscenos, que Damián respondía divertido.

Tras su espectacular aparición, Damián caminó imponente por los corredores de la prisión mientras los presidiarios murmuraban su nombre al reconocerlo. Estaba ansioso por encontrar al traidor a quien durante tantos años había alimentado y con quien compartiera sus años de gloria.

El general Romero Valdivia tenía la misma edad de Damián —cuarenta años—, pero el encierro, la deshonra y la vergüenza que había vivido recientemente le daban el aspecto de un hombre de unos sesenta años. La puerta de la celda donde estaba recluido se abrió de golpe. Romero Valdivia quedó petrificado del espanto: supo, sin que nadie se lo dijera, que el inopinado visitante llegaba a cobrarle todos y cada uno de los motivos de su desgracia. El general retrocedió, temiendo por su vida, y trató de salir por la puerta trasera pero no se abrió.

—¿Cómo entraste? —logró balbucir Romero Valdivia.

—Acuérdate pendejo, soy el Señor de los Cielos.

—No mames, Damián, soy yo... Te conozco desde que éramos escuincles, a mí no me apantallas. ¿Qué chingaos quieres aquí?

—Vengo a que me digas por qué quieres acabar con mi vida y con la de mi familia —lo increpó Damián.

—Estás equivocado, Damián, no tengo nada que ver con lo que te está pasando.

La voz de Damián tronó:—¡Tú sí que eres cabrón! ¿Se te olvidó cuando robábamos para comer porque la pobreza no nos dejaba? ¿Se te olvidó que era yo quien te defendía de los que te golpeaban en la escuela?

—Eran otros tiempos, Damián.

—Sí, eran los tiempos cuando la prioridad eran nuestras vidas y la de nuestras familias. ¿Te acuerdas o no, cabrón?

—¡Claro que me acuerdo! —respondió el general—. Y también me acuerdo que, desde que llegué a esta celda, no he sabido nada de ti. ¿Te olvidaste de mi familia? ¿Te olvidaste de la tuya?

Damián, instintivamente, le propinó un derechazo cruzado al general. Cayó al suelo cuan largo era.

—Eres una basura —dijo Damián—. ¿Sabes por qué? Porque a tu familia no le ha hecho falta nada, ni antes, ni ahora, y eso se llama lealtad. Lealtad que mandaste por el excusado al entregarle información mía a las autoridades y a los Alarcón.

El general reaccionó: —¡Eso no es cierto!

—¡Me importa un carajo si hablas de todo el mundo para salvar el pellejo. Lo que me encabrona es que hables de mí, si de niños prometimos que nos cuidaríamos el uno al otro!

El general se quedó callado. Damián continuó con sus reclamos y lanzó al general contra la pared.

—Me negaste y me traicionaste como el pinche Judas que eres. Los buenos y los malos momentos, todos nos los tragamos juntos, hasta que tú, pedazo de soplón, que decías ser mi mejor amigo, me traicionaste.

Esa última frase fue un dardo que se clavó en donde más le dolía al general. La palabra *traición* lo hizo agarrar fuerzas y se llenó de valor.

—Hablas de traición, Damián... ¿Sabes por qué estoy aquí? ¿Sabes por qué me van a extraditar a los Estado Unidos? Por ayudarte. Vendí mi uniforme, mi carrera, mi vida y hasta mi familia por acompañarte cuando me necesitabas, y ahora vienes y me acusas de una desgracia que sólo es producto de tu soberbia.

Damián se quedó sin palabras; no sabía cómo refutar lo que el general le acaba de decir. El general, herido en su honor, continuó con su alegato.

—¡Habla, dime si no es cierto que todo el poder que ostentas ante el mundo es gracias a mí!

—No me ofendas —ripostó Damián—. No me cuesta nada mandarte al infierno, donde debería de estar un general traidor y corrupto como tú.

El general Romero empuñó la mano y le lanzó un golpe a Damián. Éste lo detuvo con la mano derecha y sacó una de sus pistolas con la izquierda y se la clavó al otro en la entrepierna, quien gimió a causa del dolor y del espanto. Damián sonrió. El general se envalentonó y lo desafió a que terminara con todo de una vez.

—Ándale, cabrón... ¡Jálale si tienes huevos! Yo ya no tengo nada que perder. Tú mismo me enseñaste que uno no saca un arma si no tiene intenciones de usarla. ¡Rómpeme la madre de una vez, dispara! No puedes... ¿Sabes por qué? Porque si me matas a mí es como si te mataras a ti. Entre tú y yo no hay ninguna diferencia. Tú y yo, Damián, robamos, matamos, impusimos la ley que se nos dio la gana.

—No creas —respondió Damián—, no somos iguales. La gente sabe a qué me dedico, mientras que tú, y algunos de tu gobierno, engañan al mundo entero enriqueciéndose con la farsa de que hacen las cosas en nombre de la patria—. Damián se le acercó a pocos centímetros y continuó. —Óyeme bien. No te mato porque no mato amigos, pero eso puede terminar hoy. Si sigues pasándole información al gobierno o a los Alarcón, me olvido que algún día lo fuimos y te vuelo los huevos... De todas maneras, ¡nunca los tuviste bien puestos!

Damián se marchó enojado del lugar. Afuera del centro penitenciario lo esperaba su hermano Dagoberto. Abordó con él un vehículo y Damián le hizo entrega oficial de su negocio, con la intención de recuperarlo una vez que se hiciera con una nueva identidad.

—Tú, como hermano mayor, vas a quedar como el jefe de la empresa. Todo, carnal, tiene que quedar en familia.

—¿Y con los colombianos qué hacemos? —preguntó Dagoberto.

—Con ellos no hay nada que hacer, se los llevó la fregada. Ahora los reyes de este negocio somos nosotros.

—¿Sigues pensando lo mismo sobre acabar con toda la familia de los Alarcón?

—Si tienes que gastarte toda mi fortuna para matar a esos pinches putos, lo haces... a todos... no quiero que quede rastro de ese apellido en ningún lugar del mundo. A ésos no se las puedes perdonar por nada del mundo. Si toca a la mala, pues a la mala.

Dagoberto llevó a Damián a la pista donde el Tuercas y él habían aterrizado unas horas antes. Sus hombres lo siguieron hasta una bodega donde almacenaban cocaína en paquetes de un kilo, recién recibida de Sudamérica, y toda clase de armas. Ya en sus dominios, reunió a su gente para hacerles algunas recomendaciones en caso de situaciones imprevistas. Sus hombres lo rodearon y él adoptó un tono formal al hablar, como se hace al anunciar decisiones trascendentales. Damián confirmó las funciones de cada quien.

Era la despedida del Señor de los Cielos y ya sólo le faltaba la última parada.

16 La Generala, la Coronela y la Sargento

Damián miró una vez más los regalos que llevaba para su familia antes de entrar a su rancho donde todos lo esperaban. En la entrada se encontró con Domingo, el hermano menor. Era el más bajo de los tres, con un abdomen abultado que revelaba una vida tranquila y llena de excesos, con entradas pronunciadas que señalan una calvicie muy próxima y con las manos regordetas y delicadas del que nunca ha tenido que trabajar mucho ni golpear fuerte.

—¡Hombre, hermanito! —lo recibió alborozado Domingo—. Ya me contaron que eres el mismísimo agente 007 al servicio de la reina, que fuiste capaz de huir toreando plomo en un país extraño, que eres el Robin Hood de los chilangos y que repartes billetes a todo aquel que no le toca seguro social o de desempleo... y por si eso fuera poco...

—Domingo, carnal... ya párale a tus mamadas, mira que estoy muuuuy cansado...

—Y para cerrar con broche de oro —remató Domingo—, que te les escapas a los putos esos de los Alarcón dejando a todos sus pinches matones tumbados haciendo una alfombra mortuoria para que tú pasaras... La neta, carnalito, eres mi héroe.

Domingo abrazó con cariño y respeto a su hermano.

—Ojalá yo también hubiera nacido bueno para los balazos y madrazos como tú, carnal. No soy más que un pinche puerquito que engorda dentro de mi círculo de confort.

Damián corresponde el abrazo de su hermano. Reconoce que es el más inteligente de los tres hermanos en otros menesteres.

—Te voy a enseñar algo —le dijo Damián— las armas se deben usar cuando necesitas demostrar fuerza. Para el resto lo que se necesita es inteligencia, y de eso, hermanito, a ti te sobra.

Se abrazaron con fuerza, como si fueran dos chiquillos entregándose regalos en una fiesta de cumpleaños y luego se encaminaron a la casa. Damián iba además a un encuentro con su destino.

En el rancho lo esperaba el resto de su familia: Doña Rosalba, su mamá, sus hermanos Dagoberto y Alicia, Ximena su exesposa —esposa a perpetuidad por voluntad propia— y su hijo Alejandro, de quien Damián guardaba el mayor de los secretos de su vida. Repartió los regalos; todos los abrieron alegremente menos Ximena, que lo hizo a un lado. Su exesposa lo miró intensamente, como advirtiéndole que tenían mucho que aclarar. El regalo de Damián Eduardo, el menor, era un avión, como los que tanto le gustaban a Damián. El niño expresó su agradecimiento con una sonrisa. Damián Eduardo era de pocas palabras, observaba y escuchaba en silencio. Alejandro, en cambio era más expresivo: después de abrir su regalo, se abalanzó a los brazos de su padre con lágrimas de alegría.

—El mejor regalo es que estés aquí, papá. No sabes cuánto te he extrañado —dijo Alejandro emocionado.

—Alejandro, ya hemos hablado de esto. Tú ya eres un hombre, el hombre de esta casa y te tienes que portar como tal —respondió a su vez el padre y agregó—: Es un telescopio para que puedas ver las estrellas, el universo, los planetas y no sé cuantas chingaderas más mijo ... y es de los chingones. Dicen que allá en Chile la gente es muy culta... Sí, muy culta pero muy pendeja.

Dagoberto, Alejandro, Domingo y Alicia le celebraron la broma a Damián. Ximena seguía con los brazos cruzados y una mirada asesina sobre Damián, que se rehusaba a confrontarla. Doña Rosalba por su parte estaba feliz por estos momentos de alegría en su hogar tan lleno de penumbras y zozobras, que es lo que se respiraba en una casa donde se vivía de comercializar cocaína.

—Pues bien, familia —dijo Damián en voz alta— ahora quiero decirles que he venido para informarles que tengo que desaparecer por un tiempo.

Todos se miraron desconcertados, pero estaban acostumbrados a no preguntar mucho.

—Pensé que las intenciones de negociación con el gobierno eran sinceras —continuó Damián— pero desde el principio sus demandas han sido muy grandes y han pasado de un tono de petición a uno de orden. Y como ustedes bien saben... yo no soy gato de nadie. Ahora, nada les tengo que decir que no sepan: me están cazando como si fuera un perro rabioso. Alguien que sabe todos mis movimientos —un maldito soplón traidor— mantiene bien informados a la DEA y a los Alarcón. A esto se deben todas estas sorpresas tan desagradables.

—¿Y ya sabes quién es ese maldito soplón? —preguntó Domingo.

—Estoy muy cerca de averiguarlo, carnal, pero hasta ahora no tengo ninguna certeza. Es por ello que prefiero desaparecer un buen tiempo antes que tener que humillarme frente a esos cabrones, que lo único que quieren es quedarse con mi dinero y que les sirva como si fuera su mayordomo asesino.

Damián, sin decir mucho, o casi nada, acerca de lo que iba a hacer, utilizó esos últimos minutos para hacerles saber lo mucho que los quería, en particular a su mamá, quien los sacó adelante a pesar de la pobreza que les tocó vivir.

Después se acercó a Ximena, temeroso, para agradecerle los bonitos momentos que le había dado. Ella aprovechó la cercanía y le dio, no una, sino dos bofetadas.

—Me imagino que ya te despediste de Marcelita, ¿verdad? —le reclamó Ximena—. Y si al mayor de tus hijos le compraste una pinche lupa, que ni siquiera sabe para qué sirve... a Lucerito seguro le compraste el castillo más grande de Disneylandia. ¿No es así, cabrón?

Atrévete a negarlo frente a toda tu familia, frente a tu santa madre que se ha encargado de ser una abuela ejemplar para el hijo que tienes tan abandonado.

Rosalba saltó en defensa de su hijo: —A mí no me metas en tus gritos de verdulera, Ximena. Lo que he hecho por Alejandro no ha sido porque no tenga a un padre que lo quiera, sino porque tiene a una madre que no entiende... que no sabe cuál es su lugar, que no quiere entender algo que ya sabía de antemano: que se enamoró de un hombre que no la iba a poder atender como los demás...

Ximena, asombrada por la fuerza de Rosalba, se quedó confundida, sin poder articular palabra. La anciana, con una voz fuerte y llena de autoridad, tomó el brazo de Alejandro.

—Ahora, les voy a pedir a todos que pasemos al comedor y dejemos que estos dos arreglen sus problemas o se metan unos tiros, pero sin pasar a joder a nadie más.

Alejandro no supo qué hacer ante la ira con que reaccionó Ximena: —¡Tú no te vas de aquí, Alejandro! Ya oíste a tu padre... ya que él no puede serlo, tú eres el hombre de esta casa y es justo que defiendas a tu madre de este hombre maldito y toda su familia que solamente quiere humillarla y cambiarla por esa gata, que ha logrado metérsele con las nalgas por delante.

Rosalba, fuera de sí, se lanzó sobre Ximena, pero Alejandro logró detenerla.

—Eres una arpía, Ximena —dijo Rosalba—, primero no fuiste lo suficiente mujer para defender y conservar a tu marido, y ahora estás esperando que tu hijo venga a ponerse en contra de su propio padre para defenderte... Nunca pensé que fueras capaz de eso.

—No se atraviese en mi camino, suegra. Usted sabe que la quiero y la respeto, pero si no me va a ayudar no me estorbe, porque me puedo olvidar de ese respeto...

Entonces fue Alicia, la hermana de Damián, la que se lanzó como pantera para enfrentar a Ximena.

—Pues si andas buscando alguien de tu rodada y edad para desquitar tu coraje, aquí me tienes, pendeja. ¡Ándale! Déjate venir a ver si muy chingona, pinche zorra.

Ximena no aguantó más y lanzó un golpe a la cara de Alicia, quien reaccionó rápidamente y le asestó un golpe a su vez. Damián tomó de los brazos a Ximena y Domingo y Dagoberto apenas pudieron mantener a raya a Alicia —una real hembra sinaloense: grandota, de piernas y brazos largos y fuertes— que no dejaba de vociferar.

—¡Suéltame, Domingo! ¿Pues qué no oíste todo lo que le dijo esta jija de la chingada a tu madrecita? Mira, pendeja, nada más porque tu hijo está aquí no te saco los ojos con las uñas. Pero mejor bájale de huevos... o te mato, ramera, ¡te juro que te mato!

Después de la tempestad se hizo la calma: en la cocina, abuela, nieto y hermanos se tomaron un tequila para bajar el susto y el coraje, mientras que en la sala Ximena y Damián discutían sus asuntos.

—¿Cuándo dejaste de quererme, Damián?

—Nunca he dejado de quererte, Ximena, tú eres mi primer amor, la madre de mi hijo... la mujer por la que yo di la vida, por la que maté a mis primeras víctimas. Tú eres la mujer a la que respetan mi familia y mis amigos...

—¿A lo que acaba de pasar llamas respeto?

—Tú misma te lo buscaste... y agradece que mi familia no te metió un tiro entre los ojos. No lo hicieron precisamente porque te respetan a pesar de todo... como te respeto yo.

—Pero ya no soy la mujer que vive dentro de tu corazón. ¿No es así?

—Han pasado muchos años, llevamos una vida juntos. ¿Qué importa eso ahora? Yo nunca le voy a dar tu lugar a otra mujer, por mucho que la ame.

—Entonces, ¿la amas? ¿Amas a Marcela? ¿No es una más de tus putas? Entonces, ¿yo tenía razón?

—Sí, Ximena. Estoy enamorado de Marcela y quiero pasar los últimos días de mi vida a su lado. No sé sí sean muchos o sean pocos, pero a su lado.

—¿Cómo es posible que tengas tal descaro de venir a decirme eso? i¿Cómo?!

—Es que no te tengo miedo, Ximena...

—Pues deberías...

—No, no puedo pensar que tú serías capaz de hacer algo en mi contra porque, a fin de cuentas, nadie te va a quitar tu lugar. Tú siempre serás mi primera esposa, la dueña de mi casa, de todo lo que tengo cuando yo falte.

—Eso nadie lo puede asegurar, Damián. ¿Qué tal si, con el tiempo, esa ramera se te mete tanto a la cabeza que tú decides darme una patada en el trasero y yo salgo de esta casa volando con todo y Alejandro?

—Eso no va a pasar...

—Pues ya está pasando, Damián, en este preciso momento está pasando.

—Ximena, entiende por favor...

—No, Damián, yo no entiendo ni madres. Te voy a dejar algo bien claro: prefiero verte muerto o en una cárcel de Estados Unidos que al lado de esa mujer. Si tú no eres capaz de respetar el lugar y las pertenencias de tu familia, yo voy a hacer que las respetes.

Ximena se dirigió a la puerta muy enojada. Antes de salir, se volvió y miró. Tenía los ojos inyectados de odio.

—Yo ya te perdí, Damián. Para mí, desde hoy estás muerto, desde hoy te voy a llorar y te voy a llevar flores a una tumba que sólo Dios sabe cuánto tiempo tarde en hacerse realidad. Pero una cosa sí te voy a jurar por nuestro patrón Malverde: no voy a perder ni una cosa más... ¡ni una!

Ximena salió ardiendo de coraje. Damián se unió a su familia en la cocina. Se sirvió un enorme trago de tequila, se lo tomó de un sólo golpe y respiró hondo.

—Y no quiero oír una palabra más sobre este tema —dijo Damián, tratando de dejar atrás el mal momento.

—Pero qué es lo que vas a hacer, hijo, ¿de eso sí nos puedes hablar?

—No es nada raro —terció Dagoberto—. En su momento Damián les va a contar todo. Ahora les pido comprensión. Mi hermano no está para dar explicaciones. Sólo quiero que se queden tranquilos, porque todo está bajo control.

Para Damián su familia era su razón de ser y prefería esfumarse en el anonimato que verlos sufrir por su culpa. Conteniendo las lágrimas al reconocer que les iba a hacer falta, les pidió que siguieran unidos y les reiteró que siempre los iba a llevar en sus pensamientos hasta el día de su muerte.

17 · Todo queda en familia

Los hermanos terminaron aceptando a regañadientes. Todo estaba organizado para que su empresa funcionara como siempre, como un negocio familiar en el que cada uno de los miembros de la familia tenía una función que cumplir. Para Damián el éxito de su empresa siempre había radicado en el control de sus aeronaves y de sus barcos mercantes y en las relaciones con los proveedores y los contactos que le habían ayudado a construir una transnacional del crimen.

A centenares de kilómetros de allí, tres tipos fuertemente armados, tras amenazar y golpear a Marcela, secuestraron a Lucerito al salir del hospital. La enfermera de la niña había informado a los atacantes a cambio de dinero. No obstante, fue asesinada en el lugar mismo de los hechos. "Aquí tienes tu paga, ¡gilipollas!", le gritó uno de los matones con fuerte acento español y le descargó tres tiros en la cabeza.

En casa de Damián, su hijo tuvo un ataque de ira. Su padre tuvo que intervenir para tratar de evitar que destruyera su costosa colección de aviones que le había llevado años construir.

—¿Qué chingaos estás haciendo, chamaco menso? —le dijo Damián.

—Lo mismo qué tú, querido padre: estoy acabando con lo que más amo en este mundo, tal y como siempre lo has hecho tú.

—¿Qué manera es esa de hablarle a tu padre, pinche escuincle menso?

—¿Mi padre? Ah, qué bueno que me lo dices, porque pasas tan poco tiempo aquí que ya se me había olvidado... déjame tomarte una foto para no olvidar tu cara...

Damián golpeó a Alejandro en la mandíbula con su poderosa derecha y lo dejó tendido en el suelo.

—¡Alejandro! —gritó Ximena.

Damián, desesperado, no sabía qué hacer. Para colmo de males, en ese confuso momento Dagoberto le informó que los médicos se habían echado para atrás y se negaban a operarlo. Acto seguido se alejó en compañía de Dagoberto dispuesto a jugarse el todo por el todo.

18 El paciente asesino

Cuando el doctor Germán Godoy oyó la forma insistente en que tocaban a la puerta de su domicilio supo de inmediato que corría peligro. No se equivocaba. Tras amenazar a la empleada que les abrió, el Tuercas y el Traca Traca, al mando de un grupo de gatilleros fuertemente armados, lo sacaron a la fuerza y se lo llevaron con rumbo desconocido. El mismo procedimiento emplearon los sicarios con los médicos Noel Poler y Víctor Cerda Manrique. En la camioneta que los transportaban les plantearon la razón del secuestro: los necesitaban para llevar a cabo una cirugía a un paciente muy especial, por la que les pagarían treinta mil dólares. Además, les informaron que sus respectivas familias iban a quedar "bajo vigilancia". Para realizar tan delicada tarea el Traca Traca, mediante la amenaza de muerte a la familia del administrador, había "reservado" el cuarto piso de la clínica Santa Mónica.

En otro rumbo de la ciudad, en la sede del ejército, el general Sepúlveda se quitó el pasamontañas y dio la cara para afrontar la reprimenda y las miradas de burla de sus superiores. Había hecho el ridículo ante los medios de comunicación que se aprestaron a ser los primeros en dar la noticia del arresto del gran capo. Por la frustración o por la costumbre, el general ordenó que siguieran torturando a los detenidos para tratar de sacarles el paradero de Damián. Los torturaban por separado y a intervalos para que cada uno pudiera observar el sufrimiento del otro. El agente de la DEA amenazó a uno de los hombres con aplicarle corriente en los testículos. Éste cedió y reconoció que conocía el posible paradero de Damián Torres, el Señor de los Cielos.

Al arribar a la clínica Santa Mónica, los médicos fueron recibidos por el Traca Traca y su gente, y los llevaron directamente al cuarto piso. Allí les señalaron quién era el paciente, las características de la operación —un cambio de rostro total— y que el procedimiento tenía que hacerse de inmediato. Antes de que le aplicaran anestesia Damián les advirtió que hicieran todo con cuidado si querían ver de nuevo a sus familias. Del éxito de la cirugía no sólo dependía la vida de sus familias sino también la de ellos. El doctor Cerda Manrique, el anestesiólogo, procedió a aplicarle la anestesia a Damián.

Entre penumbras y con el mayor sigilo, Alejandro, el hijo mayor del Señor de los Cielos se logró colar hasta el cuarto piso. Allí lo recibió Dagoberto, que sin saber de quién se trataba, lo encañonó con su pistola nueve milímetros. Al reconocerlo, Dagoberto bajó el arma e intentó regañar al muchacho. Alejandro lo paró en seco. —Tío, le están tendiendo una trampa a mi papá—, le dijo con voz de alarma. El muchacho tenía razón: justo en ese momento un comando de los Alarcón había tomado por sorpresa a los guardias de Damián y los sometieron.

La balacera alertó al Tuercas, quien fue informado por uno de sus gatilleros que el hijo de su patrón estaba en el edificio. Como si le hubieran dicho que su propio hijo corría el riesgo de recibir una bala, el Tuercas salió corriendo a toda velocidad, esquivando el fuego enemigo. Logró llegar hasta donde estaba el joven por quien estaba dispuesto a dar su propia vida, pero una bala de un AK-47 lo alcanzó y lo hizo rodar por el suelo. —Salven al patrón, —fueron sus últimas palabras. El Tuercas cayó para no levantarse, una pérdida grave para la organización, mientras los Alarcón avanzaban a sangre y fuego en busca de Damián.

Al finalizar la operación, los médicos trataron de ocultarse, pero la gente de Damián los mantuvo al lado de su cama. El estruendo de las balas cada vez se oía más cerca; los médicos se miraban horrorizados. Alejandro, pistola en mano, irrumpió violentamente en la habitación y ordenó a los médicos que prepararan a su papá para llevárselo de ahí. Los médicos le advirtieron que en ese estado no debía ser movilizado porque corría el riesgo de morir.

—Yo no me responsabilizo de lo que pase si se lo llevan —dijo el doctor Godoy.

—Usted siempre va a ser responsable de la vida de mi padre, pendejo —le contestó Alejandro apuntándole con su arma en la cabeza.

En ese instante se abrió la puerta con gran estruendo y varios matones sedientos de sangre entraron a la habitación. Damián, con la cara aún cubierta por tiras de gasa, comenzó a despertarse y a convulsionar. Alejandro, enfurecido y aterrado, seguía exigiendo a los médicos, implorando al cielo por la vida de su progenitor. La situación era desesperada: Damián lejos de reaccionar, experimentaba estertores alarmantes. Los disparos en el exterior se hacían cada vez más intensos. Alejandro tomó por el cuello a uno de los médicos y lo lanzó contra la pared, siempre apuntándole a la frente con su arma.

—Si lo deja morir, usted y toda su familia se mueren con él.

Los gritos de angustia se escuchaban en toda la clínica. Reinaba el caos. Los gritos y disparos se alternaban con segundos de silencio tensos que parecían horas. El paciente no daba señales de vida. Su cuerpo yacía inerte; tenía el rostro inflamado, cosido a retazos, irreconocible.

Afuera de la clínica los bandos enemigos se enfrentaban a muerte ocultos entre los coches destrozados por los impactos. A ese horror se había sumado una tercera fuerza. Los miembros del ejército, al mando del general Sepúlveda y del agente de la DEA, hicieron su aparición en el momento álgido del enfrentamiento. El poder de sus armas era tal que habían llegado a combatir a sangre y fuego a los dos grupos rivales.

19 Badiraguato, Sinaloa

La Muerte había regresado para cumplir su juramento. Damián sentía que la Muerte rondaba, pero aún tenía fuerzas para pelearle un poco más. En medio del caos logró abrir los ojos por unas milésimas de segundos; los recuerdos se agolpaban y parecían eternos.

A las descargas eléctricas del desfibrilador y los gritos desgarradores de su hijo se incorporaron los llamados desesperados de Dagoberto. Damián sintió que la voz de su hermano era la misma de veintiocho años atrás.

De pronto se vio acompañado por sus amigos de infancia, Romerito Valdivia, Ximena, el Chaparro y el Rubio. Ninguno de ellos llegaba a los diez años de edad y con mucho esfuerzo tiraban de la cuerda para sacarlo del pozo del que se abastecía de agua el pueblo. Damián se vio a sí mismo saliendo maltrecho pero satisfecho por haber rescatado su viejo balón, que había caído a veinte metros de profundidad. Los chicos estaban felices de verlo salir sano y salvo.

—La próxima vez, el que tire el balón va por él —les advirtió Damián, aparentando estar molesto.

—¿Vamos a desempatar el partido? —preguntó Romerito.

—¿Cómo de que no? —respondió Damián—. ¿Entonces para qué fregados arriesgué la vida?

Todos rieron con esta respuesta, como si arriesgar la vida fuese cosa de juegos, y se dirigieron al potrero donde habían improvisado una cancha para celebrar sus justas futbolísticas.

En el rancho de los Torres, Rosalba despertó a Vicente y le riñó para que dejara de andar de borracho y se pusiera a trabajar. Vicente le pidió que fuera donde su hermano Benito y le llorara para que les diera lana. Rosalba se negó y le recriminó por ser tan descarado y sinvergüenza y le exigió de nuevo que se levantara.

En el potrero, los niños retomaron el juego. Ya con el partido empatado a uno, le cometieron falta a Damián, tirándolo al suelo. Ximena, que hacía de árbitro, sonó el silbato para marcar la falta. Los jugadores del equipo contrario protestaron, pero Ximena se mantuvo firme. Como buena sinaloense, siempre imponía su voluntad. Damián se aprestaba a cobrar el penalti de la victoria cuando Romerito lo detuvo y le ofreció sus tenis. "Son mejores que tus huaraches", le dijo con una sonrisa de satisfacción. Era la primera vez en su vida que Damián se ponía zapatos, pero no pudo cobrar el penalti porque apareció la profesora y les ordenó que regresaran a la escuela. Los chicos se quedaron frustrados.

De regreso en la escuela, la profesora le pidió a Damián que pasara lista. Como no leía bien de corrido, comenzó a llamar a sus amigos por el apodo de cada quien.

—El Chaparro; el Rubio...

La profesora lo interrumpió y lo obligó a decir los nombres completos.

—Torres Dagoberto; Torres Domingo; Salvador Contreras, el Chaparrito; Gonzalo Rendón, el Rubio; Zarate Ximena, la hermosa...

—Presente —contestó la niña sonriente al escuchar su apodo.

Damián también le sonrió por un instante. En ese momento entró Vicente, su papá, borracho como siempre y apurado como nunca. Avanzaba a tropezones por el salón de clases; a su paso los niños se cubrían la cabeza para protegerse. La profesora intentó hacerle entender que no debía llevarse a su hijo todos los días: "Así nunca va a aprender a leer bien, y mucho menos a escribir", le explicó amablemente. Damián temía que su padre le respondiera con palabras soeces, así es que se apresuró a despedirse de sus amigos.

De la escuela, padre e hijo se dirigieron a un rancho en las montañas cercanas. Vicente necesitaba que su hijo le ayudara a transportar un alijo de marihuana. Entre ambos cargaron una camioneta con veinte bultos de dos arrobas cada uno.

20 El comienzo

Damián y su papá transportaban el cargamento de marihuana a bordo de una Ford 64 por la carretera que va de Badiraguato a Guamuchilito cuando se toparon con un retén de policía montado al final de una curva. La patrulla estaba dirigida por Rafael Romero, comandante de la Policía de la región y padre de José María Romero Valdivia, amigo de Damián, quien años más tarde llegaría a ser general del Ejército.

Vicente padecía de glaucoma y perdía la vista aceleradamente, por lo que Damián, que apenas bordeaba los once años, iba al volante. Damián no sólo manejaba la camioneta, sino que era el lazarillo de su padre y lo ayudaba en todo, hasta en los más nimios quehaceres. Vicente se la pasaba borracho y usaba su enfermedad como excusa para no trabajar.

Casi se dieron de bruces con el retén y Vicente no tuvo tiempo de tomar el puesto de conductor. Damián se asustó, pero su padre, tras llamarlo cobarde, le dio a entender que no había nada que temer, que ya todo estaba arreglado. El comandante sólo regañó a Vicente por dejar manejar al chamaco y los dejó seguir, aunque les dijo que tenían que tomar la vía a San Miguel, pues la otra estaba cerrada "por órdenes de arriba". Siguieron su camino pero más adelante fueron asaltados por policías encapuchados que se dedicaban a asaltar vehículos cargados de marihuana. Los asaltantes los abandonaron en la carretera, golpeados y sangrando, y huyeron con su botín.

Este hecho desató una pequeña guerra en la región. Don Benito Torres, al enterarse de lo sucedido, mandó a llamar al comandante Romero, pero éste no se presentó. Entonces, el mismo don Benito lo buscó y lo mató. La policía responsabilizó del hecho a Vicente y lo detuvo. Tras su arresto, la miseria y el hambre hicieron presa de la familia Torres. La única que les ayudaba era Ximena, la amiguita de Damián, quien les traía comida a espaldas de su padre, dueño de un restaurante. Rosalba tuvo que enviar a los hermanos de Damián, Dagoberto y Domingo, a vivir con unos familiares para que no murieran de hambre. Damián por su parte le ayudaba a ella en su duro trabajo de cuidar marranos y lavar cocheras.

Tras el entierro del comandante Romero, el Ejército dio inicio al llamado Plan Cóndor, una campaña masiva cuyo objetivo era arrasar con la tierra fértil en toda la zona para impedir el cultivo de marihuana y amapola. Esta campaña estaba bajo la dirección de un joven general, Genaro Marcial Vega. Eso tomó por sorpresa a don Benito, que se sentía seguro al tener comprada a la policía local y al presidente municipal. Ignoraba que las autoridades federales habían acordado con el Gobierno de Estados Unidos detener la avalancha de marihuana que entraba a su país desde México, y en particular desde el Triángulo Dorado, en donde los helicópteros militares incendiaban los sembradíos que encontraban a su paso.

Al encontrar tanta marihuana en la región, el general Marcial sospechó que estaban utilizando aviones para transportarla. No obstante, redobló la vigilancia en las carreteras, mientras sus hombres seguían quemando sembradíos. Muchas familias, entre ellas la de Damián, tuvieron que abandonar aquel lugar arrasado. El general Marcial también hizo cerrar la escuela de aviación de Culiacán donde se adiestraban Isidro, Guadalupe y Simón Alarcón, los futuros enemigos acérrimos de Damián, quienes se habían desplazado desde Tijuana financiados por su tío Gonzalo Gallardo, socio de don Benito.

El rancho donde vivía Ximena con su padre también fue incendiado y Ximena tuvo que refugiarse en la escuela. Antes de marcharse, Damián fue a la escuela a convencerla para que se fuera con él. La niña, a pesar de que no tenía dónde vivir, le preguntó que a dónde la llevaría. Damián, sin saber qué decir, le respondió con dos palabras.

—Por ahí.

—Cuando tengas dónde meternos, me vienes a decir, ¿sí?

Damián le prometió a Ximena que iba a trabajar duro en la vida por cuatro razones: sacar a su papá de la cárcel, sacar a su familia de la pobreza, comprar una casa para casarse con ella y regalarle un avión de verdad, el día de su cumpleaños.

—Ésas son sólo promesas —le contestó Ximena—. Con la pobreza que hay en este pueblo, eso nadie lo va a lograr. Mi papá le dijo lo mismo a mi mamá hace treinta años, y murió antes de tener una vida mejor.

—Pero yo no soy tu papá. Yo soy tu enamorado y tengo palabra, y el día que deje de cumplirla, mejor cuelgo los tenis.

Los dos niños voltearon al mismo tiempo a ver los pies descalzos de Damián y se soltaron a reír.

—Volveré, hermosa —dijo Damián con determinación—, a cumplir cada una de mis promesas.

21 : Los planes

Don Benito se reunió con Hipólito Bravo, alias el Colorado, y Gonzalo Gallardo, alias el Padrino, sus socios más importantes en el negocio del narcotráfico. Tenían problemas urgentes que resolver. El Ejército estaba acabando con sus vidas al impedirles producir y comercializar marihuana. Tenían que encontrar la forma de neutralizarlo.

Lo primero que discutieron fue qué hacer para recuperar las seis toneladas de hierba que el Ejército les había incautado. Gonzalo Gallardo, el Padrino —empresario; hombre que por su carácter, presencia y dinero administraba un banco de la región—, propuso convencer al general Marcial de entregarle las seis toneladas a la Policía Judicial. Una vez en manos de ésta, sus contactos se encargarían del resto. Los otros estuvieron de acuerdo y reunieron cinco millones de dólares para que el Colorado, el diplomático del trío, se los ofreciera a Marcial a cambio de que le entregara la marihuana a la Policía Judicial.

—La droga no se negocia. La voy a quemar y quiero respeto a mi trabajo. Y si alguno de ustedes se mete, lo arresto. Cada quien en lo suyo —sentenció el general Marcial, enérgico.

"Ah, tan chiquito y con tantos huevos mi general", pensaba para sus adentros el Colorado.

Al día siguiente el general Marcial ordenó que quemaran la droga en el propio sembradío ante el asombro y la impotencia de los traficantes, que sólo alcanzaron a darse un "atizón" con la enorme nube de humo de mota que se formó en el cielo. Ese día, medio Sinaloa no dejó de reír por sus miserias.

El general Marcial también enfrentaba problemas. Por instigación de Gonzalo Gallardo, el gobernador de Sinaloa había presentado una queja al Gobierno central. Según él, el Ejército, al mando del general Marcial, se había pasado de la raya. Por su parte, Marcial se quejaba con el Gobierno por la poca o casi nula colaboración de las autoridades locales en la lucha contra los traficantes de marihuana.

La historia de siempre y el cuento de nunca acabar...

Don Benito y sus socios necesitaban diseñar una nueva estrategia para transportar marihuana hasta la frontera. La experiencia de la pérdida de las seis toneladas no se debía repetir. El Colorado les habló de un contacto que tenía en Ojinaga, un pueblo al norte, en la frontera. Se llamaba Pedro Garza y le decían Escorpión; tenía fama de que con él no se perdía un solo cargamento. Don Benito decidió ir personalmente a hablar con el Escorpión; no confiaba en intermediarios.

En la cocina de la casa de don Benito lo esperaban Damián y su familia. Los jóvenes devoraban ansiosos todo lo que les servían. Rosalba, con la misma hambre filosa que sus pequeños pero con más pudor, tomaba pequeños bocados mientras, con lágrimas en los ojos, le contaba su situación a don Benito, lo mismo que la de su esposo Vicente, preso en su pueblo. Damián se metió en la conversación y dijo que él había prometido sacar a su padre de la cárcel, donde estaba preso injustamente porque él no mató al comandante Rafael Romero. Don Benito prometió ayudarlo. Damián sonrió al tiempo que le decía a su tío: "Tengo un plan".

El plan de Damián era sencillo pero efectivo. El muchacho sabía que había tres cosas que les gustaban a los policías de su pueblo: las mujeres, el licor y la lana. Con la ayuda de Ximena, que le dio la información necesaria del cambio de guardia, y la del tío Benito, que contrató dos prostitutas para que divirtieran y emborracharan a los guardianes de la rústica cárcel, la salida de Vicente fue fácil. Damián sólo tuvo que esperar a que los guardias se quedaran dormidos para abrirle la puerta a su papá.

De Badiraguato partieron directamente a Ojinaga, el pueblo mágico de la frontera donde la droga desaparecía del lado mexicano, por arte de magia del Escorpión, y aparecía del lado estadounidense. Vicente insistió en llevarse a Damián con él, lo que le parecía extraño a don Benito. Para el tío, el chamaco debería estar en la escuela, pero Vicente le recitó su trillado discurso del glaucoma y de la imperiosa necesidad de que el niño fuera su lazarillo. Los tres viajaron a Ojinaga donde Vicente tendría que quedarse escondido por un tiempo y vigilaría las actividades de trasiego de marihuana del Escorpión.

Damián le prometió a su papá que todo lo que ganaran sería para hacerle un tratamiento que le permitiera recuperar la vista. Pero Vicente ni siquiera tuvo tiempo de regresar a su pueblo natal donde la familia tenía la ilusión de reunirse de nuevo, porque murió por un ataque fulminante de cirrosis hepática. La noticia causó emociones encontradas en Rosalba. Por un lado, sentía tristeza por la pérdida; por otro, un profundo alivio. Ahora los hijos de Rosalba tendrían que trabajar duro para que el hambre no atacara de nuevo.

22 : Negocios son negocios

Después de que el Ejército abandonó el Plan Cóndor, tanto don Benito como el Colorado y el Padrino, decidieron cambiar su centro de operaciones. Se trasladaron a Guadalajara, donde podrían encontrar en qué gastarse el dinero que ganaban y ampliar su círculo social.

Gonzalo Gallardo se consolidó como empresario exitoso y llegó a ser gerente general de uno de los bancos de la ciudad. Desde ese puesto podía lavar, no sólo su dinero, sino el de sus socios. Las relaciones políticas del Padrino le permitieron expandir sus negocios sin contratiempos, haciendo de él una combinación perfecta para muchos, y mortal para otros tantos. Ahora don Gonzalo Gallardo era un hombre de mundo. Era lo que debía ser cualquier narcotraficante que se respetara en México: mitad bandido, mitad político.

A diferencia de él, sus socios no modificaron sus hábitos. Don Benito prefería vestir como cualquier ciudadano de a pie y el Colorado nunca quiso cambiar su esencia campesina. El Padrino los invitaba a modernizarse, a vivir la *dolce vita*, pero ellos preferían mujeres de provincia, con las que podían interactuar sin tener que mostrar tanto. Don Benito y el Colorado coincidían en que, si pretendían durar en el negocio del narcotráfico, lo mejor era seguir siendo lo que ellos eran: hombres modestos.

Fue por entonces que el Padrino les planteó a sus socios la idea de comprar un avión para transportar marihuana. Y aunque a todos les sobraba dinero bajo el colchón, les sugirió que pidieran un préstamo bancario, para que todo se condujera por las vías legales. El Padrino, a pesar de que ya había amasado una fortuna importante trasegando drogas, también había aprendido las ventajas de comprar con el dinero de otros. Además, Guadalupe e Isidro, sus sobrinos, eran pilotos. En breve comenzaron a llegar los vuelos de Badiraguato a Ojinaga. Las primeras pistas clandestinas se construyeron aprovechando las que el Ejército había dejado abandonadas. Los Alarcón dieron sus primeros pasos como pilotos del tío. Al comienzo hacían vuelos sin mercancía para familiarizarse con las rutas y los caminos alternos que podrían utilizar en caso de eventualidades. Sus viajes se volvieron rutinarios. Al poco tiempo lograron establecer una ruta que luego utilizaron con el avión cargado de marihuana.

Con los negocios boyantes, don Benito, el Colorado y el Padrino tuvieron que idear cómo traer el dinero del norte. El Escorpión había desplazado a los contrabandistas gringos y controlaba toda la región. Había aprendido tanto del trasiego que no necesitaba intermediarios y colocaba la mercancía directamente en Estados Unidos, pero, con la nueva ley de incautación del gobierno estadounidense, todos los vehículos que pasaran por la frontera serían revisados. Don Benito encontró la solución: "¿Será que los que vienen desocupados también los revisan?". Y México se inundó de coches extranjeros. Los coches entraban al país llenos de dinero escondido en su interior. Los socios se dedicaron a traer vehículos de Estados Unidos, que circulaban desde el norte de México hasta Jalisco con placas estadounidenses. Sus flamantes dueños ignoraban que sus coches, además de ser robados, habían servido de portafolio para traer los dólares que les redituaba el negocio de la venta de marihuana a los mafiosos mexicanos.

23 : Otro camino

Damián, a su regreso de Ojinaga, de Guadalajara, del Distrito Federal o quién sabe bien de dónde, se enteró de que la policía estaba reclutando gente para sus filas. Le contaron que Romerito, el Chaparro y el Rubio se iban a enrolar. Damián pensó en las deudas que tenía con la justicia, aunque no había forma de que le comprobaran que él había matado a Beto Cuevas y al Frentón. Ese par de habladores llegaron casualmente al pueblo donde estaba viviendo Damián con su padre. Contaron que habían estado en Badiraguato y —machos fanfarrones al fin— no dejaban de alardear de que se habían acostado con la "chava más hermosa del pueblo", una tal Ximena. Damián, que seguía enamorado de ella y que además no se olvidaba de las promesas que le había hecho, tomó una de las pistolas de su tío y, sin pensarlo dos veces, les dio dos tiros al tiempo que les decía: "Muerto el perro se acaba la rabia".

Damián quería y además tenía razones por las cuales lanzarse al lado de sus amigos en la aventura. Además, aunque el tío ayudaba a su manera, la situación de la familia no había mejorado mucho. Así es que tomó la decisión de ir a Culiacán a presentar el examen de admisión. Aunque Damián no sabía leer ni escribir bien, lo admitieron como policía raso. También fueron admitidos sus amigos, el Chaparro, el Rubio y José María Romero Valdivia. A este último, por inteligente, lo destinaron a la capital, al Ejército; a los otros los enviaron a Jalisco.

El tío Benito aprobó sus planes, seguro de que, estuviera donde estuviera, iba a terminar trabajando para él. Le gustaba la idea de que aprendiera todo lo referente a la ley y al uso de las armas: tener a alguien en la familia que supiera de eso siempre era necesario.

Damián y Ximena improvisaron una ceremonia de despedida: en una cueva, a la luz de una vela, se prometieron amarse pasara lo que pasara. En la despedida de su familia, su mamá lloró de tristeza. Damián era su hijo preferido porque le había dado la vida dos veces, una en su vientre y otra cuando lo salvó de la muerte. "Regresaré siendo grande", les prometió Damián a su madre y a sus hermanos.

El ingreso a la Policía significaba para Damián tener trabajo y que su familia se acostara sin hambre. Por eso, cada día ponía más empeño por destacarse en ese medio tan hostil y lleno de envidias. Damián era un alumno aventajado en el manejo de armas y en el área de comunicaciones. Era el único policía que tenía una especie de teléfono privado en la habitación en la que dormía con sus amigos; lo había construido con dos pilas que había sacado de un radio viejo.

En uno de sus descansos Damián fue a visitar al tío Benito, quien le propuso que se regresara a Ojinaga. Él objetó diciendo que no quería salirse de la Policía. Pero el tío ya había sobornado a sus jefes para que lo trasladaran a esa plaza. Damián conocía a su tío: sabía que, cuando había plata de por medio, más que una petición era una orden que tenía que acatar. "Antes de irme, quiero casarme", dijo Damián en tono solemne. "Y así como ya escogí a mi futura esposa, también ya elegí a mi padrino de bodas, y ese eres tú, tío Benito." Don Benito aceptó encantado.

Damián viajó a Badiraguato para informar a Ximena de sus planes. La primera noche de su llegada le llevó serenata en compañía del Chaparro y del Rubio. Habían comenzado a celebrar con tequila desde temprano y todos estaban borrachos. Después de la serenata, en vez de la novia, salió su malhumorado papá. Damián pensó que era hora de correr, pero el viejo, en vez de agredirlo, lo invitó a desayunar. Las campanas de la iglesia del pueblo dieron las cinco de la mañana en ese momento. Minutos después Damián estaba sentado a la mesa frente a Ximena y a su papá. Éste le dijo al final del desayuno: "Si de verdad quieres casarte, hazlo y no saques excusas. La palabra de un hombre es sagrada y no se debe abrir la boca para ilusionar, y menos para decir mentiras".

24 Los socios

Don Benito, el Colorado y el Padrino, a medida que su negocio crecía, trataron de organizarse creando un código ético. Entre otros acuerdos establecieron que nunca se meterían con las familias de ellos ni con las de los enemigos, se respetarían las plazas, los contactos y, como principio, se exigía honestidad en los negocios. La sociedad progresó. Del terraplén que unía trabajosamente a muchos de los pueblos de Sinaloa con Mazatlán sólo quedaba el recuerdo. Ahora existía una vía pavimentada, rápida y pagada con dinero del narcotráfico.

La gente de Sinaloa sabía ser agradecida y pagaba con silencio lo que los sinaloenses venidos a más hacían por ellos y por otros Estados que vivían en la miseria. Gracias a eso se sembró el mayor sembradío de marihuana en un terreno en Chihuahua: contaba con una extensión de doce kilómetros cuadrados en la que trabajaban doce mil personas, entre recogedores, empacadores, transportadores y gente de servicios. Muchos de ellos habían perdido sus trabajos cuando el Ejército, al mando del general Marcial, les había quemado otros sembradíos. En el pueblo adoraban a don Benito y a su sobrino Damián, que a esas alturas ya se había ganado la confianza de su superior en la Policía. Debido a la prosperidad de sus negocios, Damián y sus amigos pasaron a trabajar directamente para don Benito.

Las autoridades estadounidenses, viendo que las mexicanas daban muy pocos resultados en la lucha contra las mafias, crearon un plan de infiltración basándose en la información que obtuvieron acerca de la creación de la primera sociedad de traficantes de marihuana y la forma en que estos exportaban la hierba.

En vista de que el mercado crecía por el aumento del consumo en Estados Unidos, los socios decidieron comprar otros dos aviones que algunas veces hasta estacionaban en suelo estadounidense. Por esos días, por recomendación de un cliente del banco que dirigía el Padrino, entró a trabajar con ellos un mafioso que había colaborado con los colombianos. El mafioso resultó ser muy eficiente pues nunca se perdía la droga. Fue este personaje quien les sugirió a los socios que volaran directamente a los Estados Unidos. Según él, cuando trabajaba para los colombianos había conocido lugares donde podrían aterrizar. Los socios dieron el visto bueno e hicieron la primera prueba; todo salió a pedir de boca. Don Benito no era amigo de la idea porque creía que eso era poner todos los huevos en una canasta. Él prefería seguir utilizando la ruta de Ojinaga, donde Damián tenía todo bajo control, aunque esto le disgustara al Escorpión, que se sentía desplazado por el recién llegado.

El mafioso colombiano que ahora trabajaba para ellos se ganó tanto la confianza del Padrino que éste cometió el error de revelarle más información de la que debía. Tal revelación trajo como consecuencia que la caleta de dinero que tenían en la frontera, y que protegían sus sobrinos Isidro y Guadalupe, cayera en manos de las autoridades estadounidenses. En esa bodega estaba la inversión de los socios, y su dinero se esfumó en un abrir y cerrar de ojos. Además, detuvieron al hombre de confianza que cuidaba el lugar. Esa misma tarde los socios averiguaron que el soplón era el mafioso colombiano e inmediatamente dieron la orden de asesinarlo.

El mafioso colombiano trabajaba desde hacía un tiempo como informante de un agente de la DEA. Éste recibió muy mal la noticia de su asesinato y le pidió a la comandancia local que investigara el hecho. La Policía formó un grupo especial para buscar a los culpables; por sus destrezas, entre los agentes seleccionados figuraban Damián Torres, el Chaparro y el Rubio.

La "búsqueda" de los culpables por parte del grupo especial de la Policía consistía en tratar de encontrar a quién echarle la culpa para proteger a los verdaderos responsables. Sus acciones eran tan desesperadas que simularon un enfrentamiento y masacraron a una familia entera que supuestamente estaba ocultando a los asesinos. La artimaña se hizo pública y hubo protestas, como las de algunos gobernadores de estados vecinos. El comandante del operativo, Germán Quintero, amigo también de los mafiosos, y todo el grupo especial comandado por Damián, fueron expulsados de la Policía para acallar las voces de protesta.

Ante esa arremetida tan fuerte y un futuro incierto, la industria del crimen se tambaleó y el negocio estuvo a punto de naufragar. Los socios tuvieron que esconderse por varios días. Don Benito viajó a Colombia en compañía de Damián. Allí se reunieron con Pablo Escobar y otro capo mafioso, quienes les plantearon un negocio fabuloso: "el negocio del siglo", según las palabras del socio de Escobar.

25 : El negocio del siglo

El socio de Pablo Escobar era conocido en el gremio como Niño Malo. Éste era tan osado y excéntrico que se había atrevido a hacer aterrizar sus naves repletas de cocaína en las narices de la DEA y había desafiado abiertamente al tío Sam. Desde su propio movimiento político, que lideraba con estilo de caudillo, arengaba a las masas contra el imperialismo norteamericano.

Niño Malo tenía una capacidad de asimilación superior al promedio. Años antes había viajado a Nueva York en busca de educación y aventuras, pero muy pronto abandonó las aulas y se dedicó a los negocios. Fue arrestado por posesión e intención de distribuir narcóticos y por conducir un automóvil robado. En la prisión, donde tuvo que pagar una condena de dieciocho meses, conoció a Dwane, un norteamericano que lo instruyó en el tráfico de cocaína.

Terminó de cumplir su sentencia a finales de 1975 y fue deportado a Colombia, donde pondría en práctica lo que había aprendido. Como era un piloto experto y conocía a la perfección el mapa de la costa este de Estados Unidos, pronto dio patentes muestras de su aprendizaje. En aquellos años, el kilo de cocaína en Colombia costaba mucho menos de mil dólares, en tanto que en Nueva York se vendía en cincuenta mil. Después de eso, comenzó a rodar el engranaje del narcotráfico que lo convirtió en cofundador y líder del temido cartel de Medellín, junto a Pablo Emilio Escobar Gaviria y a José Gonzalo Rodríguez Gacha, los dos narcos colombianos más poderosos.

Niño Malo tenía una isla con pista privada en las Bahamas que le facilitaba todo. Desde allí dirigía el ilícito comercio de cocaína de Suramérica a los Estados Unidos. Con sus rutas y sus contactos del pasado, inundó Estados Unidos con el polvo blanco y, como consecuencia, el dinero a manos llenas inundó Colombia.

Así pasaron los años, y en una de sus visitas a México conoció a don Benito, con quien hizo mancuerna. Don Benito siempre cumplió su parte y nunca le falló. Ahora era el momento de visitar a su amigo para pedirle trabajo. Pronto se encontrarían en Colombia estos cuatro individuos poderosos y dañinos: Damián Torres, don Benito, Pablo Escobar y Niño Malo.

Ante la dificultad por parte de los narcos colombianos de enviar droga directamente a Estados Unidos, justo ahora que las cosas se estaban poniendo difíciles, Pablo Escobar les planteó a don Benito y a Damián Torres la posibilidad de que ellos la recibieran y la pasaran. Don Benito vacilaba ante la envergadura del negocio, lo cual dejaba el camino abierto a Damián, quien creía que era una excelente propuesta.

A su regreso de Colombia, don Benito se llevó la desagradable sorpresa de que aún estaban detrás de él, buscándolo, pues tanto su vida como la del Colorado y la del Padrino se había vuelto del conocimiento público. Decidió alejarse un tiempo del negocio y de su región, hasta que las aguas volvieran a su cauce.

Damián seguía pensando que el negocio que les ofrecían Pablo Escobar y Niño Malo era viable. Entretanto, las autoridades arreciaron la persecución y poco a poco fueron cayendo piezas clave del negocio. Para los jóvenes como Damián, el Chaparro y los Alarcón, los sobrinos del Padrino, ésta era la oportunidad perfecta para entrar en el negocio que los haría multimillonarios y poderosos, aunque rodeados de envidia, sangre, muerte y terror.

26 Años después...

Mientras asistían a un espectáculo de aviación, Damián le explicaba a su esposa algunos detalles de los aviones: su capacidad, la altura que pueden alcanzar, el combustible que consumen, su velocidad, el tipo de comunicación con que cuentan, el material, el color, el cuerpo del avión... Al final le dijo que estaba decidido a regalarle uno de esos aviones en su cumpleaños y que su sueño era tener un avión para cada día de la semana. Mientras Damián le contaba sus planes y le ofrecía el cielo de la abundancia y los dólares, ella, aunque se divertía con todo aquello, sabía que Damián siempre alcanzaba lo que se proponía.

—Lo que realmente quieres es un avión para cada mujer que tienes —le contestó Ximena, seria.

Damián se desentendió del comentario y trató de cambiar la conversación, pero su esposa insistió.

—Nunca me voy a acostumbrar. Ni por más avión que me compres, ni por más joyas que ya no caben en la caja fuerte, no te lo voy a aceptar. Nunca te voy a aceptar ni a una ni a todas tus putas.

—Tú eres la única, chaparrita. Las demás son las demás. Tú eres mi catedral y las demás sólo son capillitas que consigo en el camino por donde ando a diario.

A estas alturas, poco le importaban a Ximena las palabras de Damián. Hay mucho dolor en el amor propio de ella. Cada vez que sabe que él está con otra mujer, ella se hace las mismas preguntas: "¿Por qué mis sábanas ya no lo calientan? ¿Por qué tiene que buscar en otras lo que puede encontrar en mí? ¿Será que ya no me ama? ¿Será que nunca me amó, carajo?".

Sabiendo que cualquier palabra que diga delataría sus sentimientos reales, Ximena salió del lugar, indignada, y le dijo que le preguntara a las otras, que lo que ella necesitaba era un esposo en su casa. La perturbaba el sólo pensar cómo sería su vida con tantos millones, si ahora, que no poseían muchos, casi no disfrutaba de su esposo. Ximena se marchó al rancho sólo acompañada por las escoltas.

Damián miró las naves y sintió más tristeza por los aviones que dejaba atrás que por la pelea con su esposa. A continuación le ordenó al Traca Traca que lo llevara al rancho de don Benito, pero que antes se detuviera en Guamuchilito porque tenía algo importante que hacer en ese pueblo que tantos recuerdos le traía. Se bajó en la entrada de un restaurante donde lo esperaba su hermano Dagoberto, quien le informó que ya lo aguardaban con impaciencia. En el interior, cinco muchachos formados en fila de mayor a menor, bien vestidos, bien peinados lo saludaron al unísono: "Hola, papá". Acto seguido, los chicos saltaron presurosos a los brazos de Damián. Dagoberto le pasó un paquete de sobres que contenían dinero y Damián comenzó a leer el nombre de cada uno: Damiám Eugenio, Damián Augusto, Damián Felipe, Damián Armando y Damián Ernesto. Como de costumbre, le dieron besos y abrazos al padre y luego se sentaron en sus piernas. Dagoberto estaba conmovido: sin duda, los mocosos eran felices al lado de su padre.

—Mucho ojo, mis chamacos, yo los complazco en todo lo que ocupen —les dijo cariñosamente Damián—. Lo único que les pido es que estudien y se preparen, para que cuando crezcan sean bien chingones, como su apá, pero también para que no sean brutos pa la escuela, como su apá.

Tras ese discurso, Damián prosiguió con su viaje al rancho de don Benito, no sin antes reiterarle a su hermano que ese rito y sus aviones eran su mayor felicidad.

27 "Zeñores de la DEA"

Damián y don Benito salieron a recorrer en un tractor el sembradío del rancho. A su paso los empleados saludaban a don Benito como si fuera un dios.

—Con toda esta mota alcanza hasta para poner a fumar a los marcianos —comentó Damián, extasiado al ver la extensión del cultivo.

—El negocio es bueno pero tengo entendido que el de la coca da más —le respondió don Benito.

Esta confesión le cayó de perlas a Damián, pues tenía grandes planes para ensanchar el negocio y quería planteárselos al tío.

—Tío, los colombianos se han ganado en tres años lo que usted ha conseguido en quince que lleva trabajando.

A don Benito le costaba creer lo que el sobrino le aseguraba: que en un solo mes ganaría lo mismo que en toda una vida de esfuerzo y sacrificio. Damián tenía una estrategia para lograrlo, pero necesitaba el respaldo del tío.

Don Benito estaba de acuerdo en cambiar de producto. Él mismo lo había intentado pero creía que depender de los colombianos no era bueno para ellos porque siempre se quedaban con la mejor parte; sobre todo porque los jefes del cartel estaban entregando la droga directamente en Miami. Don Benito, que confiaba en las habilidades que Damián había demostrado desde que era un muchacho, le preguntó si se le ocurría algo para cambiar esa situación.

El plan de Damián, aunque todavía no se lo explicaba al tío, era jugársela a los colombianos, que tenían las rutas, y tomarse ellos la delantera, asegurándose de tener los medios de transporte que les garantizaran una mayor eficiencia en los envíos. Para eso, el joven había ingeniado una estratagema maquiavélica. Para comenzar, elaboraría una lista a partir de los contactos importantes que manejaba, enriquecida con direcciones, rutas y teléfonos que les haría llegar a los miembros de la DEA para despejar el camino.

Damián, astuto como él solo, con diccionario en mano, escribió una carta en la que consignaba mapas, rutas y direcciones. Cerró la carta cuidando que no quedaran sus huellas por ninguna parte y luego rotuló el sobre: "Zeñores de la DEA". Para hacer entrega de la carta le pagó unos pesos a un joven vendedor callejero.

El chamaco dejó la carta en el consulado de Estados Unidos en la ciudad de Guadalajara. Un empleado del consulado hizo pasar la carta por rayos X. A continuación, una asistente se la entregó a un agente de la DEA de apellido Castillo. Alto, robusto y muy trabajador, éste despachaba en una gran oficina adornada con el escudo y la bandera de los Estados Unidos.

La mala ortografía de la carta le hizo gracia al agente, pero el contenido lo dejó sin habla. La carta contenía trazos de las rutas marítimas y aéreas que usaban los narcos colombianos para introducir la droga en Miami y la ubicación de las casas clave donde almacenaban la cocaína que luego distribuían por toda la unión americana. De inmediato marcó el teléfono de la sede central de la DEA y pidió hablar con su director general. "Además de urgente, es confidencial", le dijo a quien atendió la llamada.

Los agentes de la DEA comprobaron la veracidad de la información y consiguieron resultados inmediatos. En altamar, naves de la marina estadounidense interceptaron una, dos, tres lanchas cargadas de cocaína. Asimismo detuvieron a una banda de narcotraficantes en pleno centro de la ciudad de Miami. Por último, un comando especial de reacción inmediata irrumpió en una bodega donde los narcos colombianos almacenaban los cargamentos y arrestaron a todos los traficantes.

Los operativos en Miami, en alta mar y en las Bahamas mantuvieron ocupados por unos días a los agentes de la DEA y crearon pánico entre los capos colombianos, que se sintieron traicionados, aunque no sospechaban siquiera de dónde había salido el chivatazo certero.

Damián encontró a don Benito leyendo la noticia sobre el arresto de los narcotraficantes colombianos y la captura de más de veinte toneladas de cocaína y varios millones de dólares y le confesó su osadía. A don Benito por poco se le para el corazón.

—¡Si serás, cómo se te ocurre hacer algo así! Andar de pinche chivatón, y luego de esos güeyes que son unos hijos de la chingada.

—Nadie se va a enterar de que le dimos esa información a la DEA, tío. Esto es un secreto entre usted y yo.

—Más te vale. Imagínate que lo mismo nos estuviera pasando a nosotros... yo le trueno el pescuezo al chivatón sin pensarlo. Damián, es mejor que vayas buscando dónde meterte porque los colombianos no nos la van a perdonar, y en vez de un gran negocio lo que aquí va a estallar es la tercera guerra mundial.

Damián calló por unos segundos y respondió:

—Aquí lo único que va a estallar son dólares pa' lo alto tío. Es que usted me tiene que entender, tío, yo sueño con el día que todos seamos unos grandes potentados y yo tenga mi jumbo 747. Mire, yo lo sueño a usted ayudando a su gente más de lo que lo ha hecho hasta ahora, y yo ayudando a mi familia, a mi jefa, a mis carnales, a mi hermosa, mis chulitas y a mis chamacos. ¡A todos, tío! En la gloria, sin necesidades, sin angustias, viviendo como se lo merece toda la prole mexicana.

—Está bien que lo sueñes, pendejo, pero nunca olvides el palo del que te estás sosteniendo, cabrón —le respondió, filosófico, don Benito.

—Pero, tío...

—¡Pero nada, cabrón, los sueños no se logran con traiciones!

—¿Pos, cuál es la angustia, tío?

Don Benito, aterrorizado, temiendo la venganza del gremio colombiano, previno a su sobrino de lo que eran capaces los narcos si sospechaban de él.

—Yo me estoy jugando la vida solo, tío. Si esto sale mal... usted me vende con los colombianos y así usted y los compadres quedan libres de cualquier pedo, y bien limpiecitos... pero no hay por qué ser pesimistas. Vamos a asociarnos, tío, es el momento de volar muy alto, de sacar el negocio en grande, de fundar un imperio y que todos los nuestros ocupen un lugar inimaginado de poder y riqueza.

Y mientras don Benito le advertía a Damián de las seguras consecuencias de lo que había hecho, los mafiosos colombianos Pablo Escobar y Niño Malo lo llamaron conminándolo a un encuentro, sin posibilidad de negativa. La propuesta era simple: querían plantearle una negociación que los sacara a flote de la crisis. Los colombianos estaban indignados y maldecían a los agentes gringos que les habían incautado tanta droga y apresado a su gente de confianza. El descalabro era tal que habían cerrado de tajo el tráfico de cocaína por el mar Caribe a Miami.

Niño Malo le extendió una invitación a don Benito para que lo visitara, y le adelantó que le tenía una buena propuesta. Don Benito de inmediato le indicó al Rubio que le avisara al Colorado y a Dagoberto que partirían en una hora y pidió que le alistaran su pequeña aeronave. Damián, que estaba dispuesto a jugarse el todo por el todo, dijo que él también iría, pero a condición de que regresaran ese mismo día. En pocos días cumplía años Ximena, y eso era sagrado para él. Don Benito le prometió que si todo salía bien, o por lo menos si salían con vida, regresarían esa misma noche.

Tras un vuelo sin contratiempos, el avión de los mexicanos aterrizó en una de las pistas clandestinas de Pablo Escobar en territorio colombiano. Al Colorado y a Dagoberto, pegados a las ventanillas del avión, les impresionaron los cientos de hombres armados que trabajaban para Escobar. Damián, cansado de la angustia y la desesperación de los demás, lanzó unas palabras lapidarias.

—La única forma de enterarnos si esos colombianos nos van a proponer un negocio o nos van a dar en la madre haciéndonos chupar faros, es bajándonos de este pinche avión para enfrentarlos —tomó un arma y, mirando con determinación al Colorado, a su tío y a su hermano, prosiguió—. Y si tenemos que echar plomo, pues lo echamos. Si nosotros nos vamos a morir, pues que se mueran ellos también. ¿Qué, no?

Damián miró a Dagoberto, Dagoberto miró al Colorado, y el Colorado se encogió de hombros, confirmando las palabras de Damián. Don Benito, por su parte, sonrió: estaba seguro de que Damián tenía madera.

Bajaron a la pista de aterrizaje pistola en mano. Los guardaespaldas de Niño Malo les pidieron que se deshicieran de sus armas antes de la entrevista. Damián sintió que la muerte estaba rondando. El arma que cargaba en la pretina de su pantalón era una Colt 45, que había comprado en un lugar de mala muerte. Con su arma se sentía invulnerable, y hasta le rezaba, como le rezaba al patrón Malverde, cada vez que iba a hacer un negocio. A su arma y al patrón se encomendaba antes y después de sus pillerías. Damián sabía que se jugaba la vida, pero continuaba sonriendo y saludando como única manera de controlar el tic de su ojo derecho que se le había agudizado. El tío trataba de calmarlo, pero a estas alturas ya nada podía calmarlo.

Pablo Escobar y Niño Malo los esperaban en el camino a la casa. Los colombianos fueron pródigos en palabras de bienvenida, especialmente hacia don Benito, al que conocían desde tiempo atrás. Damián, por su parte, centraba su atención en la mujer que, a escasos metros, colgaba de un árbol y era golpeada en el estómago por dos hombres con enormes palos de madera. Era una mujer hermosa, bien formada, que a pesar del cruel castigo que le infligían, mostraba una extraña combinación de sensualidad y piedad. Miró a Damián y le sonrió, como si le dijera: "No te asustes, parcero, no duele tanto como parece".

28 La reunión

La reunión inaugural de lo que sería la próspera sociedad entre narcos colombianos y mexicanos dio comienzo sin mayores preámbulos. Desde un principio, Damián tomó la iniciativa en las conversaciones, interrumpiendo a su tío y creando algo de incomodidad entre los interlocutores, acostumbrados a la bohemia y experiencia de don Benito. Conforme avanzaba la reunión, la seguridad y la actitud de Damián dejó en claro que él era la sangre nueva que representaba a su tío y a sus socios, y que debían acostumbrarse a tratar con él de ahora en adelante si querían realizar negocios en sociedad.

Los colombianos comentaron que estaban preocupados, que alguien había estado delatándolos y que sus cargamentos por todas las rutas estaban cayendo uno tras otro. Niño Malo contó que, por culpa de un soplón, se les estaba cayendo toda la droga que enviaban a Estados Unidos.

Damián sintió que la muerte estaba cerca. Niño Malo subió el tono de voz, hizo el amago de lanzar un cuchillo que sostenía en las manos y amenazó con clavarle el cuchillo al soplón en la mitad de la frente. Luego de un silencio tenso, Escobar se le acercó a don Benito, que estaba a un lado de Damián.

—La propuesta es sencilla —le dijo Escobar a don Benito, mirándolo a los ojos—: como no podemos mandar aviones ni barcos ni lanchas a Estados Unidos, porque una cosa es que seamos narcos y otra muy distinta que nos crean estúpidos, queremos que usted, don Benito, se encargue de recibirnos todo el perico que mis socios y yo le podamos mandar a México.

Don Benito guardó silencio, pero Damián se apresuró a contestar.

—Eso suena chingón.

—Una vez que esté la merca en su tierra —siguió explicando Escobar—, los empleados que tengo al otro lado de la frontera irán por mi material a México. Usted se los entrega y ellos me la ponen en gringolandia, ¿Le suena?

Don Benito seguía sin reaccionar, en absoluto silencio, sin alcanzar a digerir el alcance de la propuesta que le acababan de hacer. Damián se entrometió de nuevo.

—¿De qué cantidad de mercancía estamos hablando?

—Una tonelada mensual.

Don Benito, Damián, Dagoberto y el Colorado disimularon la sorpresa que les causó la cifra. Se cruzaron miradas pero no atinaban a responder.

—Para la infraestructura que tenemos montada mis socios y yo —dijo con aplomo Damián, señalando a los suyos—, pensamos que eso es muy poco. Hora sí, como decimos en mi tierra, una madre.

Ahora fue Escobar quien se quedó mudo, al tiempo que Damián suspiró, nervioso, y continuó con su respuesta.

—Nosotros tenemos una empresa que en los últimos diez años ha pasado toneladas de mota, y todo nos ha funcionado al centavo. Por consiguiente, podemos pasar a Estados Unidos todo el perico que quieran. Por Tijuana tenemos las puertas abiertas; por Ciudad Juárez, por Nogales, por el Golfo o por donde gusten y manden, toda la frontera está abierta para nosotros. Y lo hacemos por lo menos con cuatro o cinco toneladas mensuales. Pensar en menos es ridículo, por no decir ofensivo.

Luego miró a su tío, pues del apoyo de don Benito dependía todo.

—¿Qué no, tío?

Don Benito miró de mala manera a Damián: parecía que su teatro se venía abajo. El Colorado intervino y salvó la situación.

—Entre más cantidad menos costos, y entre menos costos, pos más ganancia para todos —remató el Colorado.

—Si me garantizan que todo lo que yo mande me lo entregan en los Estados Unidos —dijo Escobar—, les inundo toda Sinaloa de perico y me ahorro enviar a México a mi gente de Estados Unidos por mi droga. La duda que me ronda la cabeza es, ¿ustedes realmente sí tienen con que pagarme la merca si se les pierde?

—Eso, en el supuesto caso de que te estuviéramos comprando la mercancía. Pero para mí que el negocio es al revés: tú nos vas pagar un costo extra por llevarte la merca de México a Estados Unidos; por tierra por ahora, porque mi sueño es aterrizar algún día mi avión en pleno Manhattan —sentenció Damián con seguridad. Algunos se sorprendieron con su afirmación mientras que otros se burlaron.

—Eso sí que es un verdadero sueño —respondió Niño Malo—. Aterrizar un avión lleno de perico en Estados Unidos es la cosa más absurda que he escuchado en toda mi vida.

—Algún día lo haré, ya lo verás —contestó Damián sin arredrarse.

Todos, inclusive los mexicanos, pensaron que Damián había enloquecido. Ninguno sospechaba que años después tendrían que tragarse sus palabras, ya que Damián efectivamente haría aterrizar su Cessna, cargado de polvo blanco, a unas pocas cuadras de Times Square.

—¿Cerramos el negocio o nos vamos a quedar platicando toda la tarde de lo mismo? —continuó Damián con su perorata mientras caminaba en círculos, impaciente.

—Si no confiara en don Benito, no estaría hablando con usted, Damián. ¿Cuánto me cobran por pasar cada kilo al norte? —preguntó Escobar.

—Mil quinientos dólares está bien —contestó don Benito, pero Damián lo contradijo inmediatamente.

—¡¿Cómo?! No, no, no, no, pérate tío, no mames, eso sería en tus tiempos. Estamos hablando de transportar cocaína en grande, no chingaderitas; así la cosa cambia. Los federales van a querer mamar fuerte, el transporte se va a pandear todito y va a necesitar más camarón; los retenes se van a cotizar. Yo creo, con todo respeto, tío, que dos mil quinientos por kilo les sale bien barato a nuestros cuates los parceros.

—Para eso la seguimos mandando por Miami, pierda lo que se pierda —terció Niño Malo, irritado por la ambición y la audacia de Damián.

—Esa sí no es nuestra bronca, carnal. Mándenla por donde se les dé su chingada gana, y si no hay negocio, pues no hay negocio.

Don Benito, el Colorado y Dagoberto, que no habían pronunciado palabra alguna, entendieron que ahora, gracias a Damián, estaban en buena posición para negociar. Sin embargo, Niño Malo aún tenía dudas y le lanzó una pulla a Damián.

—Una cosa es que usted sea ambicioso, y eso lo entiendo, pero otra muy distinta es que sea serio en los negocios. De eso no logra convencerme.

—Mira, Niño Feo o cómo chingados te llames —respingó Damián—, tan serio soy para mis negocios, que lo que digo con el hocico lo sostengo con los huevos. ¿Cómo ves?

A Niño Malo no le quedaba duda del valor de Damián, pero eso no le importaba. De hombres valientes estaba lleno el cementerio, pensó. Pero Damián, sin darle tiempo a que empuñara su cuchillo, lo desarmó con una sonrisa infantil y amigable.

—Mira, cabrón, te propongo algo. Entréganos quinientos kilos, ya para empezar a darle forma a todo lo platicado, y yo te dejo a mi hermano Dagoberto en garantía.

Dagoberto no daba crédito a lo que acababa de decir Damián. Y aún sin salir de la sopresa ni tener tiempo de contradecir a su hermano, Damián continuó.

—Y ponte chingón, Niño Feo, si en cuarenta y ocho horas no hemos entregado, mis socios y yo, la cocaína en Estados Unidos a tus contactos chafas, puedes hacer con mi hermano lo que se te pegue tú rechingada gana. ¿Cómo ves? ¿Así o más huevos?

Niño Malo y Pablo Escobar se quedaron de una pieza. Damián había sido capaz de poner la vida de su hermano en el filo de la navaja, pues en caso de fallar, podría recibir el cuerpo de su hermano en pedacitos. Pero sabía lo que hacía y estaba dispuesto a jugarse el todo por el todo. Dagoberto, petrificado, no salía de su asombro. Don Benito y el Colorado tampoco esperaban esa salida de Damián. Éste sonreía, seguro, esperando la respuesta de Pablo Escobar y Niño Malo.

29 Cien kilos

Damián es un hombre que gracias a su padre no tiene estudios, pero tiene un instinto del tamaño del mundo. Ese instinto lo hace sentirse dueño del universo, lo hace saber que aunque todavía no tenga ni un solo avión, es el dueño del cielo. Es el Señor de los Cielos. Así que con la misma sonrisa de seguridad dibujada en su rostro mira fijamente a Pablo. Ya Damián tomó una decisión. Sabe, por instinto, que Pablo también. Lo único que le falta a Pablo Escobar es terminar de expresarla. De modo que Damián sigue hablando ante la sorpresa de todos.

—Bueno, entonces, Pablito y mi niño feo, ¿le vamos "haciendo"? como dicen ustedes... o "¿caminando y miando pa' no hacer charco?" como decimos nosotros.

Niño Malo mira con firmeza a Damián. Aún no cree la insolencia con que le habla ese aparecido, como si no se diera cuenta de que está en una tierra extraña donde se juega la vida no sólo con sus palabras sino con sus acciones.

"Por supuesto que me doy cuenta", piensa Damián, como si pudiera adivinar los pensamientos de Niño Malo.

—Eres tú quien no parece darse cuenta que estás parado ante el mismísimo Señor de los Cielos —dice sin dejar de sonreír.

—Mira, Damián... ¿cómo es que me dijiste que te llamas?

—Tú bien sabes cómo me llamo, mi niño. ¿Sabes por qué? ¡Sencillo! Estamos haciendo negocios y tú no eres tan principiante como para hacer negocios con desconocidos... con alguien de quien ni siquiera conoces su pinche nombre. Tienes las orejas bien puestas en todos los detalles que suceden a tu alrededor, así que cambia de estrategia y deja de tratar de hacerme menos enfrente de todos estos. Ningunearme a estas alturas del partido no te va a servir de nada. En México, cuando llegas a una cantina y te mueres de sed, gritas: "¡Agua, mi niño!" ¿No sería posible... con todo respeto, por supuesto... que nos ofrecieras un tequilita o un 'wiskito' o lo que sea...? Menos agua porque me ahogo, es que no sé nadar."

Niño Malo se rinde. Suelta una carcajada ante las payasadas de Damián, a la que responde Pablo. Después de que el jefe y anfitrión lo hacen, todos ríen.

—Mi parcero tiene razón, con tanta presión pensando en la melcocha hasta la cortesía se me olvidó. No se preocupen, ahora mismo traemos trago para que escojan y mando a preparar un sancocho para comer.

Damián, en el colmo del descaro y sin olvidar ese viejo y conocido refrán de su tierra: "¡Si ya la tienes adentro... muévete!", se levantó de su asiento tranquilamente y le ofreció la mano a Pablo, quien, dudoso y amenazador, clavó un cuchillo en la mesa con mucha fuerza. Sin moverse de su asiento, lentamente fue llevando su mano hasta la de Damián. Sin darle tiempo a reaccionar, Damián lo abrazó con tal fuerza que Pablo Escobar no ganaba para sorpresas. Luego, sin más, Damián lo arrojó al sillón donde cayó estrepitosamente sin saber si tomar su cuchillo y clavárselo en la frente al irrespetuoso o sacar provecho de la situación.

—Muy bien Torres, no sé cómo sea en tu tierra; pero, aquí... cuando un hombre abraza a otro es signo de amistad sincera o de mariconería. Así que una de dos: o eres una pecueca muy falsa o vas a tener que relajarte y comenzar a negociar como amigos. Cabe mencionar, por último, que en esta tierra a las coscorrias falsas les metemos un cuchillo en el culo y los regresamos en una bolsa de basura a su país. ¿Estamos?

Damián no dejó de sonreír ni un instante. Las negociaciones habían terminado, los precios se habían fijado y hasta su hermano había aceptado quedarse, por lo menos de dientes para afuera. Todo estaba dicho, había ganado y ahora sólo tendría que darle un poco por su lado a Pablo Escobar y su socio Niño Malo. Damián pensaba que no había mejor apodo para ese hombre.

—Tú eres el cliente, mi niño y como decimos en México "El cliente siempre pierde la razón"... Ah, ¿verdad? Calmantes Montes, ¿que no es así...? "El cliente siempre tiene la razón".

Los hombres se abrazaron nuevamente. Niño Malo también sonreía pero no soltaba el cuchillo que traía en las manos, sólo lo paseaba lentamente por la espalda de Damián.

Tras largas conversaciones, la negociación terminó con otro rumbo. Con su característico nadadito de perro, sacando sólo la cabeza pero avanzando por debajo, Damián Torres se apoderó por completo de la situación, de la comida, de los tragos, de las "prepago" y hasta de las ganancias de los colombianos.

Don Benito seguía sorprendido por la astucia de Damián. El sobrino le hacía señas a su tío para comunicarle que él sabía lo que estaba haciendo y que se tranquilizara. Dagoberto nunca se esperó esa salida de su hermano, pero sabía y confiaba en su alcance.

Luego de unos minutos para terminar de digerir la comida, Pablo Escobar y Niño Malo se miraron el uno al otro. No necesitaban hablar para saber la respuesta que le darían a los visitantes. Mientras don Benito, el Colorado y Dagoberto acababan el postre y se servían otro trago, Damián, como buen sabueso, miraba a los colombianos tratando de descifrar ese código de miradas y respiraciones. Él sabía que tener esa información unos segundos antes de que la dijeran le podía dar tiempo suficiente para pensar en la mejor respuesta. Damián supo en ese momento que mientras continuara con vida no podría bajar la guardia o volver a dormir con los dos ojos bien cerrados... Ni siquiera, como decía su padre, "sentarse a dos nalgas". Todo lo que le falta por vivir sería de una manera apresurada y cuidadosa.

Damián descifró el código, supo que aceptarían y en ese momento, como un relámpago, se le ocurrió una idea que le llenaría las arcas de dinero en pocas horas.

—Oye Pablito, estaba pensando, ¿qué te parece si del total de kilos que me voy a llevar, te pago cuatrocientos y me fías cien?

La cara de los colombianos comenzó a endurecerse, pero antes de que el mismo Pablo o alguno de su socios se lanzaran sobre Damián, éste continuó con el mayor descaro:

—Es que es importante saber cómo se mueve el negocio por fuera. Es decir, a la par de tus socios en Estados Unidos yo les dejo esa coca a mis contactos que venden nuestra hierba y vemos qué tal se mueve. ¿Qué tal si con el tiempo, no sólo te la movemos sino que también te la compramos? ¿Qué te parece?

Los colombianos se miraron los unos a los otros. Sabían bien que el mexicanito se los estaba llevando de calle, pero eran hombres ambiciosos y mientras su bolsillo fuera engordando paulatinamente poco importaba quién llevaba el control del negocio. Total, si el cartel de don Benito quería pelear con toda la mafia que manejaba la cocaína colombiana en Estados Unidos, ese no era su problema.

Pablo miró de nuevo a Damián con la misma desconfianza de al principio, pero los reflejos de Damián eran correctos una vez más y abrió la boca primero.

—Mira Pablito, sólo es una idea que nos podría beneficiar a todos, pero si no quieres, no hay pedo. Así que ya dile a Niño Malo que deje ese cuchillo en paz, que no vamos a destripar pollos ni matar puercos.

—Está bien mexicano — contesta Niño Malo—, te vamos a fiar ese perico. Si quieres venderlo y hacerte de enemigos en la frontera es tu problema. Lo que sí te voy a decir es que no debes descuidar nuestra melcocha porque te mueres.

—Muy bien mi Niño, yo sé que no te quedas muy conforme, pero cuando te esté comprando los mismos kilos que le estés mandando a los gringos me lo vas a agradecer... tú y tus socios.

—Y ¿cómo vamos a negociar esos cien kilos?

—Estos serán pagaderos después de realizar el paso de toda la mercancía al otro lado del río Bravo.

Sorprendidos y muy en el fondo hasta ofendidos, los capos no tuvieron más remedio que aceptar las condiciones de este nuevo personaje que estaba ante sus ojos y que los dejaba boquiabiertos.

Pablo Escobar llamó a sus ayudantes para que cargaran el avión en el que habían llegado los mafiosos mexicanos. En la distancia le metían y sacaban la cabeza de una tina a la mujer que Damián vio al llegar. Damián se sorprendió y le preguntó a Pablo.

—Bueno, y ¿qué onda con esa morra? ¿Qué hizo o qué? Ahora no me vayas a salir con que la estás entrenando para boina verde o alguna mamada así.

—Algo así. En este negocio somos serios, mexicano... no nos gusta dejar cabos sueltos. Si enviamos un mensajero y el cliente no cumple, el mismo mensajero se encarga de darle muerte. Eso de perder el tiempo enviando un equipo armado y que huya el desgraciado... va mermando la ganancia. ¿Comprendes?

Ante la sorpresa de Damián, sacaron a la mujer del tanque, la tiraron al suelo, la esposaron, la amarraron de los brazos y se la llevaron.

—Nuestros empleados están preparados para eso y el que no aguante, se muere.

—Y, ¿será para tanto, Pablito? Total, ni que la fueras a mandar a la guerra.

—Es que nosotros estamos en guerra, Damián. Estamos en guerra con las autoridades militares, con los gobiernos capitalistas, con este gobierno represor... ¿Será que tú te tomas algo en serio?

—Pues para serte sincero Pablito, si yo hubiera querido tomarme la vida en serio no sería narcotraficante. Para mí la vida es muy corta para andar con una jetota larga de hoja tamaño oficio. A mí me gusta bailar, cantar, hacer amigos, hacer negocios con amigos...

—Todo lo que quieras, pero la vida hay que tomarla en serio.

—¿Y para qué? Si nadie sale vivo de ella...

De nuevo no se hacen esperar las risas de todos.

—Mira, Pablo, yo he aprendido mucho en este viaje. He aprendido mucho de ti, de Niño Malo y tus cuates, así que deja de hacerte el estirado y piensa que tú también podrías aprender un poco de este indio... paisa mexicano... que lo único que quiere es ayudarte y ayudar a todos. Y si me toca algo, pos bueno... nadie vive del aire ¿o sí?

Sin más, Damián se alejó.

En un momento de relativa calma, mientras los ayudantes de Pablo seguían cargando el avión de don Benito con la mercancía, Dagoberto aprovechó para hablar con Damián a solas.

—Mira, Damián, yo no quiero pasar en estos momentos como un chillón o un puto y mucho menos dejarte en mal con los colombianos, pero que poca madre de tu parte, cabrón...

Damián lo interrumpió indignado, moviendo las manos aparatosamente.

—¿Cómo que "poca madre"? No mames. Podemos estar jodidos, con las broncas hasta el cuello y las balas enterradas en el culo, pero de mi madre, que también es la tuya, cabrón... no te vas a estar acordando y menos con miserias, porque te juro que ahí sí te rompo el hocico.

—No te salgas por la tangente, Damián, no te hagas. Lo que hiciste allá dentro fue hojaldra de tu parte. ¿A ver? ¿Por qué no te quedaste tú?

—Porque si me quedo yo, ¿quién vende la merca?

—No te hagas pendejo, Damián, ya no están los parceros. Tú bien sabes que yo o el tío Benito o el Colorado o cualquiera puede venderle el polvo al mismo bato que se lo vas a vender tú... Entre nosotros no tienes que dártelas del mero chingón.

—Pos lo siento carnal, lo siento de verdad, pero como dicen esos batos, "cuando toca, toca". Así que te va a "tocar" quedarte y ni pedo. ¿O qué, te da frío?

—Claro que me da frío, pendejo. ¿Pos a quién no le va a dar? Si te agarran al aterrizar, si te agarran en territorio mexicano, si te agarran en la frontera, si te agarran del otro lado, el que se pasa a chingar soy yo... no mames.

—Dagoberto, por favor. ¿Cómo puedes pensar que yo te voy a dejar tirado aquí? Si te ofrecí como garantía es porque lo tengo todo controlado y los huevos bien puestos. Yo nunca te he fallado en nada, carnalito... Ahora me vi entre la espada y la pared y tuve que echar los huevos de frente.

—Pues sí, cabrón, pero los huevos que echaste fueron los míos y no los tuyos.

—¿Quieres que me quede yo, de veras? ¿Estás seguro que vas a poder con la presión y arreglar todos los pedos que se van a presentar allá? Es decir... ¿tienes los suficientes huevos para asegurarme, como yo te estoy asegurando a ti, que no me va a pasar nada y que en dos días voy a estar en Sinaloa cogiendo con mi vieja? Si es así... ándale, vamos con Pablo y el Niño Malo para avisarles que el que se queda soy yo... a ver qué cara ponen los weyes.

—No, bueno... Damián, ya sabes que yo siempre te he apoyado en las malas y en las peores. Lo único que te estoy diciendo es que no te vayas a pasar de pendejo, eso es todo.

Dagoberto abrazó a su hermano. Damián lo apretó y sonrió con malicia. No es que no le importe Dagoberto o que se sienta feliz de engañarlo, es simplemente que en su mundo, la felicidad se parece mucho a salirse con la suya... y Damián es muy feliz porque siempre lo logra.

Pablo Escobar estaba sorprendido, le había salido un gallito fino que se colocaba por encima del tío y su autoridad. No le desagradaba; al contario, la presencia de Damián hacía más divertido el gran reto que la DEA le había impuesto al cerrarle los accesos marítimos de su preciada mercancía. Pablo y Niño Malo se estaban expandiendo y sabían bien que eso implicaba grandes riesgos. Así que esperaron que apareciera su mejor hombre... bueno, su mejor mujer o lo que es lo mismo, su mejor soldado.

Arrastrando a los dos hombres que antes la habían torturado, Gabriela los dejó caer como pollos muertos. Ahora sí estaba lista para hacer caso al llamado de su patrón. Lista a pesar de todo. Más bella, más mujer, con la ropa rasgada, con apenas unos harapos cubriendo las zonas estratégicas de su cuerpo voluptuoso, era imposible pensar que fuera capaz de matar a dos hombres con sus propias manos en tan sólo unos segundos de descuido.

Ahora escuchaba el pedido de Pablo Escobar, el único hombre que, por lo menos hasta ahora, había logrado darle órdenes. Era la más importante de todas las órdenes que le había dado. Pablo volteó a ver a Damián y de nuevo a Gabriela para hablarle de él.

—No quiero que pierdas de vista a ese hijo de puta mexicanito gonorrea, malparido y arrogante. No me importa si lo tienes que seguir hasta la cama, si te tienes que acostar con su mujer para saberlo todo de él, si tienes que robarle la virginidad a sus hijos para ponerlos de tu lado. Quiero que busques todas las formas de saber todo de él. Y en caso que me quiera coger de huevón en los dos minutos bobos que uno siempre tiene en la vida, encuentra la forma de hacerle daño y darle donde más le duela.

Gabriela sólo afirmó con la cabeza. Giró un poco para ver a Damián. Ahora se encontraron los dos en algo que pareció una sola mirada. No hubo falsas palabras, no hubo falsas excusas. Gabriela y Damián se dijeron todo sin abrir la boca para pronunciar una sola frase. Claro que el mensaje sólo fue claro para ellos dos. La mujer no dejaba traslucir emoción alguna, pero Damián cayó rendido ante la trampa de sus ojos azul claro, como ese cielo que siempre lo acompañaba y en el que se sentía tan bien. Damián la miraba. Era difícil dejar de ver a una hembra tan mamacita, pero el embeleso de la tersura de la piel de Gabriela se cortaba cuando Damián la recordaba en sus entrenamientos. Él sabía que Gabriela en cualquier momento podía matarlo, de hecho, por eso viajaba a México.

Ella pronto le hizo saber que no era un hueso fácil de roer. Con una dureza que la embellecía aún más y acrecentaba el gusto de Damián por esa boca carnosa y llena de color, la mujer se hizo cargo de la situación y se dispuso a abordar el avión al que se debía subir con los mexicanos. Damián no dejaba de mirarle ni un sólo momento las nalgas cuando estaba de espaldas y las tetas cuando estaba de frente. Sí, tenía la cara hermosa como una muñeca pero, ¿a quién carajos le importaba?

Damián estaba nervioso con la presencia femenina pero le atraía esa personalidad arrolladora que no se inmutaba ante la tortura y mucho menos ante lo desconocido. Trató de ser amable con ella.

—Si quieres jalar una o dos líneas de coca, con confianza, al cabo hay suficiente como para que se note.

—No, gracias, yo nunca mezclo los negocios con el placer.

—¡Puta madre! Me cae que estos colombianos todos son iguales de mamones y "elegantosos". Si hasta parece que tienen un palo metido en el culo que los deja bien estirados.

—No se trata de eso Damián, lo que sucede...

—Lo que sucede, Gaviota, es que crees que porque tienes unas pinches nalgotas todos te quieren coger, pero... de pinches nalgotas está lleno el mundo. Está lleno México, Sinaloa y Sonora, Texas... todos lados.

Gabriela estaba asombrada. Nunca un hombre le había hablado de esa forma: o eran muy amables para llevarla a la cama o eran unos odiosos prepotentes que en el fondo le tenían miedo.

A cualquier mujer le resultaba muy difícil no apasionarse por un hombre como Damián Torres... el Señor de los Cielos. Pero Gabriela Garrido hacía justicia a su nombre: Gabriel, como el subcomandante de las fuerzas celestiales que encerró a Luzbel en los infiernos, quiere decir "Anunciación"; Garrido, señor de Guerra, estaba acostumbrada al asedio de los hombres y sabía exactamente cómo defenderse. Su entrenamiento militar se reflejaba en su forma de mirar, de caminar y en los músculos que se dibujaban bajo su ropa, que por más fuertes que eran, no dejaban de ser apetitosos.

30 Oficina Central de la DEA

En el avión que trae de regreso a México a don Benito, al Colorado, a Damián y a la mujer que casi los mata a los tres de excitación, tiene lugar una conversación. Don Benito reprende a Damián por dejar al hermano en garantía. Damián sabe que debe cumplir su palabra porque de eso depende la vida de su hermano. A todos les pide que confíen en él. Luego Damián, en un acto de cortesía, le pregunta a Gaviota, como la llamó cariñosamente a partir de ese momento, que si era verdad que ella estaba preparada para todo. La mujer lo instó a que la pusiera a prueba. Don Benito y el Colorado sonreían.

—Te apuesto a que no estás preparada para bailar en un tubo.

Gabriela lo miraba llena de coraje. Respiraba trabajosamente, como si la furia se escapara por las orejas como vapor. A don Benito y al Colorado se les borró la sonrisa del rostro. Sabían que esta mujer era capaz de matar a Damián en un abrir y cerrar de ojos.

—¿Qué pasa, Gaviota, no que vienes preparada para todo? Si esto es básico. No hay hembra colombiana que pise tierra mexicana que no sepa bailar en un tubo para entrarle al "table dance". ¿Quién les manda estar tan buenas y a querer llegar a un país de feos? Ahí está... ni pedo.

—Mira Damián, esta te la paso porque es la primera, la próxima vez... te mato.

Sin mayores contratiempos aterrizaron en México, donde don Benito tenía organizadas sus exportaciones. En la pista clandestina del rancho, los viajeros fueron recibidos por Domingo, el hermano menor de Damián, que prácticamente babeaba al ver las proporciones perfectas y el rostro angelical de Gabriela.

El Chaparro y el Rubio se sorprendieron de ver bajar a una mujer. Damián, señalándolos, le dijo en voz baja:

—Mira, Gaviota, más vale que de una vez pongas en su lugar a ese par de putos, porque son bien carrillas. Y chiquita, no te la vas a acabar... van a estar chingue y chingue... Además, no sólo son lengua larga, también son mano larga... Ahí tú sabes.

Gabriela los miró con coraje y se acercó para reventarle un cruzado de derecha al Chaparro y un rodillazo en la entrepierna al Rubio. Ambos cayeron al suelo llenos de dolor, mientras Damián los acompañaba en el suelo revolcándose de la risa.

Don Benito y el Colorado llegaron a la conclusión de que para evitar contratiempos debían respetar los acuerdos de distribución con su socio Gonzalo Gallardo y lo debían llamar para que recogiera su parte de la mercancía. Damián le dijo a su tío que si creía que eran idiotas. Gonzálo estaba feliz con la mota. Proponía que ese nuevo negocio lo hicieran entre ellos. Llevaban quince años metiéndole mota a los gringos, imposible que no pudieran otros quince con la coca. Cansado de esa situación, don Benito puso finalmente a Damián en su lugar.

—Ya está bueno, pinche escuincle mamón, ya me cagaste los huevos. ¿Te sientes muy chingón comercializando a mi nombre y dejando de garantía a tu hermano? Esos no son huevos, pendejo. Es labia, es lengua de serpiente, chismes de viejas de vecindad, es el clásico "el que tiene más saliva traga más pinole". Y tú estás repinche baboso. Así que bájale de yemas a tu pinche "omelete" o cómo se llame... o te meto una pistola por el ojete y me olvido de que eres mi sobrino. ¿Cómo ves, puto?

Justo entonces apareció el Colorado y abrazó a Damián, alejándo-
lo de la mirada asesina de don Benito.

—Tienes que ir despacio, muchacho, algún día te vas a estrellar
contra un muro del que a lo mejor no sales vivo. Tienes que entender,
Damián, que en los negocios chuecos sólo triunfa el que es derecho.
Gonzalo es nuestro socio y a él le toca su parte de esta droga y de
este negocio.

Sin detenerse un instante organizaron la mercancía y se aprestaron
a continuar la marcha hacia Estados Unidos, su destino final.

Don Benito, muy dentro de sí, se sintió orgulloso de él mismo por
aún despertar respeto en un cabrón tan pelotudo como su sobrino
Damián Torres... El viejo Benito aún no estaba acabado, ni por la gota,
ni por Pablo o Niño Malo, ni siquiera por el gran Señor de los Cielos.

31 La Virgen de Guadalupe

Damián maneja un coche cisterna, a su lado están Gabriela y Domingo. Al pasar por la vía que va de El Paso a Piedras Negras, a su mano derecha ve una pequeña iglesia. Se detiene. Damián y Domingo se bajan ante la mirada extrañada de Gabriela.

—Ahí te quedas cuidando la merca, pinche Gaviota. Si llega la policía, dales en la madre o dales las nalgas, lo que te apetezca más.

—¿A dónde vas Damián? No me puedes dejar con esta merca a mí sola y menos en este lugar que no conozco.

—Ah chingá, ¿pos no qué muy machita? Usted no diga frío hasta no ver pingüinos, mamita... orita vengo.

Damián camina hasta la imagen de la Virgen de Guadalupe y una vez frente a ella se arrodilla. Mira a la virgen con demasiada fe y le pide:

—Virgencita, sé que soy un pecador, pero también sé que es a los pecadores a los que más abrazas en tu pecho. Vengo a pedirte que me protejas a mí, a Domingo y a los trescientos kilos de coca que llevo para el norte. De la entrega de esa mercancía depende la vida de mi hermano Dagoberto y no quiero que le pase nada. Perdóname por poner mis intereses por encima de la vida de mi hermano, me arrepiento de haberlo hecho pero, como dice mi tío Benito, yo no pienso para hablar. Si tú me haces este favorcito, te prometo que el día que tenga mucha lana te construyo un templo para ti solita. Y con lo que me quede compro mi primer avión para mi gordita.

Damián le ruega a la Virgen. Parece que ella le contesta, por lo que Damián se persigna, le prende un cirio y luego se marcha de la iglesia.

Pero no todo iba a salir bien. Las cosas comenzaban a ponerse mal, el camión cisterna en el que transportaban la droga se había adelantado al horario del guardia comprado en la frontera y que facilitaba todo. No había forma de echarse atrás. Gabriela, con una mirada de Damián, bajó del camión y con unos tirantes que llevaba en su bolsa, se ató bajo el camión para no ser vista. No había forma en este mundo en que una mujer como ella pasara desapercibida y, obviamente, no llevaba sus documentos en regla para entrar a Estados Unidos.

En la fontera, Damián se estacionó para decirle a su hermano que tenían que esperar unos minutos. El hombre que conocía no había entrado de turno. Lo tranquilizaba diciéndole que todo iba a salir bien, lo único que no podían tener en ese momento eran nervios. Debería aprender de esa mujer, Gabriela, que no temblaba por nada.

—Pues yo lo único que quisiera aprender con ella, carnal, es cómo se coge en Colombia. Lo demás, me vale madres...

Damián se dio cuenta de cómo el miedo comenzaba a apoderarse de su hermano. Le hablaba muy quedo mientras seguía con la vista a uno de los agentes que se acercaba a ellos, como si lo atrajeran las feromonas que despedía Gabriela. Sólo Dios sabe qué le atrajo hacia la parte de abajo del camión. Damián seguía hablando para tranquilizar a Domingo.

—Cálmate, Domingo, no va a pasar nada... piensa en Gabriela, en sus piernotas pegadas a las tuyas, en su vientre marcado restregándose en tu panzota cervecera, en que te comes con unos pinches besotes sus labios de negra... grandes y rojos.

"Rojo" fue la palabra clave. El agente aduanero asomó la cabeza debajo del camión para encontrarse de frente con las dos pistolas que portaba Gabriela. Una en cada mano mientras su cuello y piernas reposaban sobre las ligas que improvisó para su escondite.

Los disparos no se hicieron esperar. Mientras Gabriela descargaba al mismo tiempo las dos armas sobre el agente, Damián bajó del camión como si estuviera bailando una danza con Gabriela, manteniendo el mismo paso. Descargó la misma cantidad de disparos sobre el otro agente. Lo que siguió a continuación fue sangre y confusión. Gabriela salío de su escondite y clavó sus ojos en los de Damián. La adrenalina los acercaba. Seguían disparando a diestra y siniestra, como si aquello no fuera más que un baile encantador en el que empezaban a reconocerse, a seducirse. Para Gabriela fue un gran momento apasionado que ahora la unía irremediablemente a Damián. Para Damián, que podía ser ángel o demonio, era una cita de amor con esa mujer extraordinaria.

Domingo permanecía sentado en la cisterna en el lugar del copiloto. Aunque portaba su arma, sabía que en cuestiones de amor los terceros salían sobrando. Así que no se inmutó. Se hizo un gran silencio, Damián subió a la cisterna, tomó a su hermano menor de la pechera y le dijo:

—¿Qué onda contigo, carnal? Esta vez disparé por los dos... la próxima tú respondes por tu vida y yo respondo por la mía.

Domingo sólo atinó a asentir con la cabeza. Gabriela ya se estaba encargando de los cuerpos, como se encargó hacía poco en su querida Colombia. Se disponía a lanzarlos por una barranca cuando, como una visión milagrosa, en un carro blanco, apareció el inspector transado con anterioridad. Al ver la matanza, el inspector interrogó a Damián:

—¿Qué carajos pasó aquí?

Damián lo tomó por la solapa y lo sacudió con fuerza.

—Pasó que llegaste tarde, cabrón.

El agente ayudó a Gabriela a desaparecer los cuerpos de sus compañeros en la barranca. Damián no dejaba de hablar con calma pero con ese tono de mando que sólo utilizaba cuando las cosas que planteaba no se discutían.

—Ya verás cómo le haces para explicarle esto a tus superiores.

—Sólo diré la verdad de lo que pasó aquí.

La tensión nuevamente se hizo presente pero el agente continuó:

—Llegué al puesto, como cada vez que tengo guardia y lo encontré vacío. Hice un recorrido y fue cuando descubrí acribillados los cuerpos de mis compañeros. Vi alejarse a un coche deportivo, en el que viajaban una mujer y dos hombres. Disparé tratando de darle a las llantas pero no atiné un sólo disparo.

—Entonces te va a tocar seguir viajando en la parte de debajo de la cisterna, Gaviota... no vaya a ser la de malas y nos apañen.

El plan eliminó todos los temores. Gabriela pasó de nuevo a la parte inferior de la cisterna; Damián ocupaba el lugar del piloto. Luego de cruzar la frontera, Damián aprovechó para enseñarle una ley a su hermano: el dinero tiene el poder que no tiene nada en la vida, vuelve las cosas invisibles. Tan buena estaba la plática que se les olvidó que Gabriela estaba abajo y cruzaron el camino lleno de baches y zanjas sin ningún cuidado.

En San Antonio, Gabriela bajó la mercancía de la cisterna. La esperaban los contactos colombianos a los que les debía entregar la droga. Damián, de una manera relajada, les dijo que esperaba "la feria" que él había acordado con Pablo como contraprestación por el flete. Los contactos sólo le entregaron la mitad del dinero.

—A ver jijos de la chingada... esto sólo es la mitad del dinero... ya van a salir con su pendejada, ¿verdad?

Los colombianos tenían miedo de siquiera cruzar palabra. Nunca habían tenido que negociar con un narcoasesino de la frontera mexicana. Se decía que eran unos desgraciados asesinos que después de matar a sus víctimas se las comían, como los Aztecas, antiguos pobladores de las tierras mexicanas.

Damián les dio unas horas para que le trajeran el resto del dinero porque le dieron lástima. Los vio tan asustados que por más que buscó la razón de tanto miedo, no lo entendía.

Ahora debía deshacerse de los cien kilos que le había fiado Pablo y buscó a un viejo conocido: don Pío, un viejito bonachón que gustaba de coleccionar escopetas y perros callejeros. Él conocía todos los rincones del vicio en ese pueblo y seguro le brillarían los ojos cuando viera esa cocaína colombiana de la mejor calidad. Damián saludó al viejo afectuosamente, quien al ver el tabique blanco lo abrió con cuidado de una orilla, llenó sus dedos índice y pulgar con el polvo, se lo llevó a la boca, y con una sonrisa socarrona, dijo:

—Me quedo con toda la que traigas, Damián.

Damián celebró con Domingo y le pidió que lo acompañara a comprarle una joya a su esposa por su cumpleaños. Dos o tres horas después, los mafiosos, acompañados por Gabriela, acudieron al lugar con su dinero.

Damián, engolosinado en un almacén de joyas, no sabía cuál llevarse.

—A ver, tú, pinche Gaviota, sirve de algo, ¿no? Aconséjame. ¿Cuál de estos vidrios jijos de la chingada le llevo a mi vieja? Tú has de saber, también eres vieja, ¿o no?

—Mira mexicanito nuevo rico venido a más a costillas de otro, a mí no me metas entre tu mujer y tú. No me gustan las joyas, así que déjame en paz.

Damián la miró raro, pero su respuesta no menguó su intención.

—Bueno, señorita, dejémonos de pendejadas. Seguro que como en todo, la joya más cara es la mejor, así que deme esa. Es más, deme dos, para darle una a esta pinche machorra colombiana. A ver si aquí en mexicalpan de las tunas aprende algo de ser mujercita de su casita.

La mujer que lo atendía le preguntó la forma de pago. Damián respondió sin contemplación:

—Mira pinchi vieja estirada, hasta la pregunta ofende. Yo sólo pago como pagan los hombres: en efectivo.

Cuando salieron de la joyería, Damián le aventó sin ningún tipo de ceremonias uno de los paquetes envueltos a Gabriela.

—Órale, mi Gaviota, un regalito para que se acuerde de sus amigos mexicanos... Ah, que conste que no tiene que matar ni darle las nalgas a nadie. Es un regalo entre cuates, entre cabrones...

Gabriela miró el paquete desconcertada y sonrió con cinismo.

—¿Tú de verdad crees que no me gustan los hombres, verdad?

—Pues yo no sé, pero mira colombiana, si te gustan un poquito, hazle un favor a este pinche gordito que está que se muere por ti. Total... como decimos en México: "una cogida y un vaso de agua no se le niegan a nadie".

Esa fue la primera vez que Gabriela sonrió en un suelo distinto al suyo. Domingo se quedó más rojo que un tomate para siempre.

Regresaron a la hora fijada para cobrar la lana de los cien kilos pero don Pío no tenía el dinero listo. Lo grave era que el tiempo se le estaba agotando a Damián; necesitaba regresar a su ciudad a celebrarle el cumpleaños a su esposa Ximena y lo angustiaba la situación de su hermano en Colombia. Entonces decidió apretar a don Pío para conseguir de una vez por todas el dinero. Decidió usar la práctica de los rehenes, una táctica que no le fallaba. Damián agarró de las greñas a Celerino, el hijo mayor de don Pío. Lo amarró para llevárselo y así garantizar el resto del pago. Don Pío, muerto de miedo, le rogaba a Damián mientras marcaba el teléfono desesperadamente buscando quién le ayudara con el dinero que faltaba.

—Pos, 'ora sí que lo siento, don Pío, pero entre que lloren en su casa y que lloren en la mía, pos que lloren en la suya... No es personal, mi don... Esto lo hago por mi hermano Dagoberto que se quedó empeñado en Colombia para que usted se hinchara de dinero con la reventa de esta coca. La neta, la agarramos bien barata gracias a él. Así que no hay pez que no nade ni jaiba que no camine pa'trás —decía Damián mientras caminaba llevándose a Celerino amarrado con la ayuda de Gabriela, que lo empujaba y hasta amenazaba con matarlo.

Don Pío le pidió doce horas más de plazo, su punto de venta estaba lleno y necesitaba tiempo para reunir la lana. Damián, ofendido en su honor, le dijo que eso se lo debió decir al principio, no después, cuando se llevaron la droga. Mientras empujaba a Celerino, Damián se alejaba rumiando su rabia mientras observaba la valiosa joya que le había comprado a Ximena. Las horas del día del cumpleaños de su mujer se consumían rápidamente.

En el camino conversaba con su hermano sobre el peligro de esa plata con tanto delincuente que había suelto por las calles. Miró atrás justo cuando Gabriela, cansada de los lamentos del hombre que habían secuestrado, le amordazaba la boca para que no hablara. Se dirigieron a un pequeño aeropuerto donde Juan Marcos, un hombre de aspecto apacible, se disponía a abordar una avioneta a unos pocos metros. El puertorriqueño era un conocido de Damián. Le ofreció dinero para que lo llevara hasta su rancho pero el hombre se negó aduciendo que estaba comprometido con otra gente a la que debía cumplirle. Damián le insistió y el piloto privado buscó por los alrededores del hangar quién más le pudiera alquilar su avión al jefe Torres, pero no encontró a nadie. Damián seguía tras él. Observó movimientos raros en el aeropuerto. Al instante se escucharon las sirenas de la policía que anunciaban peligro.

—Pinche agente aduanal. De seguro nos echó de cabeza por haberle dado chicharrón a esos dos batos chismosos. Ora sí nos cayó la pistola.

Domingo se quedó petrificado. Las sirenas de la policía anunciaban que venían en grupo obligaron a Damián a exigirle a Juan Marcos, con un arma en la cabeza, que los sacara de ahí. El dinero y el Celerino amarrado estaban en ese momento custodiados por Gabriela, quien también reaccionó inmediatamente. Damián corrió hasta el camión para poner sus cosas a salvo y se tropezó con Gabriela que salió jalando a Celerino con fuerza. El ruido de las sirenas se escuchaba cada vez más cerca. Gabriela corrió hasta donde estaba el piloto y le montó la pistola en la frente sin vacilación. Le ordenó ir al avión y prenderlo.

Damián, entre tanto desmadre, levantó la mirada y miró al cielo...
Abrió los brazos y le pidió al cielo que lo salvara. Las águilas aparecieron justo cuando él subía al avión. El Señor de los Cielos levantó el vuelo hacia la libertad o hacia la muerte.

Obligaron a Juan Marcos a decolar el avión con el dinero y el rehén mientras desde el aire Damián y Gabriela se batían a plomo con los policías que empezaron a llegar. En el interior de la nave, Damián le prohibió al piloto que se reportara a torre de control y prometió darle un empleo tan pronto llegaran a su rancho. El piloto se mostró agradecido, aunque asustado por la balacera. Lo que nadie imaginaba era que Juan Marcos traería la desgracia para todos.

32. Allá en el Rancho Grande

El avión aterrizó en la pista clandestina del rancho de su tío. Don Benito y el Colorado celebraron el éxito de la operación. A pesar de los contratiempos, todo estaba en orden, o al menos eso parecía.

Damián, sin embargo, aseguró que a ese aeropuerto no podrían volver. Se había llevado el susto de su vida. Aprovechó para presentar a Juan Marcos a su tío, a quien don Benito le agradeció por haber salvado a su sobrino. Luego Damián le explicó al tío que el intruso que se trajo era el hijo de don Pío, que no le había quedado de otra y que el viejo se quedó bastante disgustado. Don Benito pensó que había sido don Pío quien los chivateó, pero Damián lo defendió. A pesar de todo lo que había pasado sabía que don Pío era ley, incapaz de delatarlos. Don Benito no entendía entonces qué era lo que había salido mal. Damián le aseguró que mal no había salido nada, pues allí estaban con vida y con una garantía del pago de don Pío. ¿Quién los había chivateado? Eso era otra cosa. Por ahora no lo sabían, pero entre cielo y tierra no había nada oculto. Damián se sentía dueño de los cielos y don Benito de la tierra, por lo tanto, era sólo cuestión de tiempo para que la verdad saliera a flote. Y al soplón lo aplastarían como la rata que era.

Don Benito le ordenó al Chaparro y al Rubio que le dieran la bienvenida al huésped y que lo acomodaran lo mejor posible mientras su padre mandaba el camarón. Les advirtió que cuidado con pasarse de listos y darle su calentada, porque les echaría a la Gaviota para que los pusiera en su lugar. Don Benito se llevó al piloto a un bar cercano lleno de mujeres de poca moral pero con mucha carne para celebrar. Mientras, Damián se despedía de Gabriela. Le pareció que para ser el primer día, había estado bien. Damián no se percató de la manera tan llena de curiosidad y dudas con que Gabriela lo miró mientras se iba. Esa fue la primera vez que la Garrido le miraba las nalgas a un hombre.

En el bar, Juan Marcos conversaba con don Benito sobre su enfermedad, la gota que tanto dolor le producía y por la que controlaba el trago. Juan Marcos le confesó que su padre padecía el mismo mal y que después de haberse cuidado y suspendido el vodka, que tanto le gustaba, había muerto en un accidente. Benito reflexionó un momento y poco a poco una sonrisa comenzó a estirar su apergaminado rostro. Un aire nuevo lo cubrió por entero y alegre pidió una botella de vodka y comenzó a brindar con todos y todas por el gozo de la vida. Según su amigo este nuevo licor se bebía como el tequila, solito y sin pasantes.

Al bar llegó Dagoberto un poco agotado después de ser liberado en el aeropuerto de una ciudad intermedia colombiana. Saludó a su tío, en quien ya el alcohol había hecho sus estragos. Don Benito le presentó a Juan Marcos, a quien acababa de ofrecer trabajo y de quien ya se había hecho bien amigo. De mala gana, Dagoberto le estrecha la mano y lo saluda. En el aire queda una extraña sensación de incertidumbre. Sin quitarle la mirada al puertorriqueño, que se dirige al baño, Dagoberto se sienta al lado de su tío para contarle de su aventura con los narcos colombianos. Aparentemente lo trataron bien.

Esa misma noche Damián celebró junto a su familia el cumpleaños de su esposa. Están la mamá de Damián y Alejandro, que ahora tiene trece años. Por ahora, nada más por ahora, es el único hijo. Muy pronto pasaría a ser el hijo mayor.

Ximena le pregunta a Damián sobre su viaje y él le responde que fue como todos: normal. La felicita por su cumpleaños. Le confiesa que así como sueña tener muchos aviones, sueña con pasar sus últimos días con ella. Le estampa un beso en la boca mientras le jura amor eterno.

33 : En la boca del lobo

En el baño, después de asegurarse que no hay nadie alrededor, Juan Marcos saca su celular y marca un número. Del otro lado de la línea le responde su interlocutor, al que, en voz baja, le confirma una gran noticia.

Los hombres no pueden ocultar su emoción. Llevaban más de dos años persiguiendo a este grupo de mafiosos y por fin los tenían al alcance de las manos. Ahora se van a poder cobrar todas las que les han hecho. La realidad es que Castillo y Juan Marcos, que oculta su verdadera identidad, son los mismos agentes de la DEA que destruyeron la organización de Pablo y Niño Malo en Estados Unidos gracias a un mensaje anónimo. Ambos juran que había sido un mensaje de Dios, porque a pesar de sus faltas de ortografía los llevó a terminar con todos esos malditos narcos.

Castillo, angustiado pero seguro de su gran agente encubierto, le pide que se cuide porque está entrando en la boca del lobo. Juan Marcos, temeroso pero orgulloso, le dice que esos desgraciados creen que lo sacaron a la fuerza del aeropuerto y ahí está con ellos. A manera de burla comenta que ya se iba a pensionar esperando a que cayeran en ese aeropuerto, cuando finalmente y después de tanto tiempo el pez había mordido el anzuelo. Pero la mejor noticia que le tiene es que Damián y don Benito le habían ofrecido trabajo y le mostrarían dónde tenían los cultivos de marihuana y dónde guardaban la cocaína. Al otro lado de la línea el agente Castillo quedó feliz.

Será sólo cuestión de tiempo para que se enteren los narcotraficantes y sólo Dios sabe lo que pasará cuando se sepa la noticia de la traición. Pero lo que importa en este instante es el presente, ese ahora en el que Castillo y el puertorriqueño están felices. Castillo lleva años pendiente de los movimientos de don Benito sin poder echarle el guante; en numerosas ocasiones ha tratado infructuosamente de infiltrar a un miembro de su organización en el seno de la mafia y esa osadía lo ha llevado a perder varios informantes. Lo ha logrado esta vez, cuando menos lo esperaba, demostrándose a sí mismo que no hay mejor arma que la paciencia.

34 El polvo de oro

Para muchos don Benito es un gran hombre, sin importar a qué se dedica. Últimamente anda preocupado porque su gente vive de cultivar marihuana y el sobrino le ha planteado otro negocio que le puede hacer descuidar sus ya tradicionales plantaciones y traerle problemas. Tiene un grupo de amigos y socios de gran importancia con quienes ha compartido su negocio desde los comienzos. Ninguno toma decisiones sin consultarlas con los demás y han manejado sin problemas los cultivos, la cosecha y la exportación. Se respetan mutuamente y de esa manera funcionan sin contratiempos ni grandes dificultades. Han compartido en las buenas y en las malas. Al principio hubo tiempos muy duros, pero este momento es de bonanza y todos se cubren la espalda. Cada quien tiene su línea y nunca han caído en el egoísmo ni en la competencia desleal. Hasta ahora les ha funcionado la amistad y todos esperan que eso no cambie. Fieles y leales, los servidores de don Benito y sus socios obedecen sus órdenes y se pliegan a sus designios sin contrariarlo. Ellos saben que se trata de alguien especial y sin él no hubieran podido salir adelante como hasta la fecha. No han pensado en traicionarlo, forman parte de una generación que todavía cree en la palabra y se juega la vida por mantenerla.

La organización de los cultivadores hace regularmente bazares y fiestas en el rancho, donde participan hombro a hombro las familias y los patrones. En estas ocasiones abunda la comida, la bebida y los regalos. Disfrutan en camaradería y afianzan lazos entre todos. Los trabajadores adoran a su jefe y a los socios, y están satisfechos con la paga y el trato que reciben. Previo acuerdo con Damián, que ahora anda en otras lides, Benito comparte con sus socios de toda la vida: Jesús Gonzalo Alarcón Gallardo, el Colorado y Germán Quintero. Gonzalo Gallardo es el más fuerte físicamente, alto y fornido de carácter recio, y es el que más exige. El Colorado es un hombre callado, cuya estrategia consiste en escuchar y analizar todas las situaciones para ir sobre seguro y caminar en terreno firme. De mediana estatura, no se hace muy notable, pero siempre está ahí. No es tan ambicioso como Gonzalo, al menos no lo demuestra, viste sencillamente y es el más alejado de ostentaciones y lujos. Es conciliador y no le gusta la discusión ni la pelea. Quintero está en un lugar intermedio, es moderado pero tiene sus arrebatos. Es un hombre de carácter fuerte pero sabe manejarlo frente a los socios. También es alto como Benito y Gonzalo Gallardo y su presencia se siente por el gesto adusto que mantiene al hablar siempre en voz alta.

Don Benito siempre ha mantenido una personalidad recia frente a todos y un liderazgo marcado entre los socios. Ahora habla de sus nuevos proyectos con el polvo de oro. Tras llegar a un acuerdo para distribuirlo, terminan abrazados y borrachos, perdidos en un brindis por el futuro grandioso.

35 La delación

Posicionado en su rol dentro de la organización, Juan Marcos se muestra complaciente con todas las solicitudes que le hacen y trata de colaborar sin trabas. Aprovechando una mañana soleada, sobrevuela los cultivos y se asombra de su tamaño. Los recorre en su avioneta tratando de instruir a Damián, quien tiene un exagerado gusto por los aviones y poca experiencia para manejarlos. La actitud infantil del pupilo le sirve para conseguir las coordenadas exactas del plantío. Su superior, el agente de la DEA Castillo, ha arribado en un vuelo comercial a México junto a su esposa y espera los datos concretos que Juan Marcos le facilita en este momento. El paseo matutino constituirá en el punto de partida que precipitará los hechos más impactantes que les esperan a estos dos agentes del gobierno de Estados Unidos.

En el interior del avión de Juan Marcos, Damián sigue recibiendo instrucciones de vuelo. El principiante está dichoso con lo que aprende. Dice que algún día va a tener una flota de aviones porque sueña con ser el Señor de los Cielos. Juan Marcos sigue tomando nota mental mientras responde todo meticulosamente. Gabriela, a su espalda, no le quita la mirada de encima.

Damián baja del avión diciéndole a Juan Marcos que lo piense, que con ellos va a ganar bien, que se marche de ese país de haraganes que allí, como se lo propuso su tío, lo que va a tener es trabajo. El piloto se queda mudo. Gabriela baja del avión de Juan Marcos y los tres suben a la camioneta de Damián para dirigirse al rancho de don Benito, donde los está esperando don Pío que viene con la lana para llevarse a su hijo Celerino, al que tienen "secuestrado". Damián ordena al Traca Traca que lo saque mientras él recibe la lana. Le dice a don Pío que lo disculpe, pero que a él le enseñaron que los negocios son negocios. Justo entonces llega Celerino, bien borracho, bien comido y bien fumado, con una escoba voladora de la mejor marihuana *golden* Acapulco. Agradece a todos por la hospitalidad y le pide a don Pío que lo deje quedarse otros días.

Tras contar el dinero, Damián se siente feliz y orgulloso de su tío y del poder que ejerce. Don Benito le ha dado la base de su imperio para construir el propio. Obnubilado con sus pretensiones aéreas, con esa sensación de libertad y superioridad que le infunde saberse por encima de los demás, olvida las normas elementales de seguridad y baja la guardia.

Comienza a hablar emocionado de sus proyectos, de lo que hay y de lo que vendrá con su empeño, porque él es hombre de ambiciones desmedidas que superarán lo que existe. El aspecto de Juan Marcos, sus pocas preguntas y el conocimiento que cree tener de él, contribuyen a que Damián confíe plenamente en el hombre. Juan Marcos había sido paciente y ahora estaba recogiendo los frutos de la espera.

—Mira hasta dónde llega la autoridad de mi tío, Jota Eme... Yo iré más allá, abarcaré el mundo y sus alrededores. Si te portas bien, tú vas a estar a mi lado. Y eso es sólo el comienzo, el cielo oirá de nosotros, ¿qué no?

El piloto escucha atentamente todo lo que le dice Damián. Es discreto en sus comentarios, estimula la conversación y deja que siga hablando mientras oculta detrás de su rostro amable un gesto de satisfacción.

Luego de un paseo por los enormes plantíos, mientras todos be-
ben y se emborrachan como de costumbre, Juan Marcos regresa al
avión desde donde podrá transmitir su mensaje cifrado. La respuesta
es rápida y de felicitación, pero tampoco faltan las advertencias de
cuidar cada uno de sus pasos porque acababa de entrar a un camino
sin retorno.

36 El Dios de la región

En las instalaciones del ejército se lleva a cabo una ceremonia especial: la despedida con honores del saliente general Marcial y el ascenso a general de José María Romero Valdivia. El general saliente es condecorado con la orden "Pancho Villa" y despedido con un discurso del comandante general de las fuerzas militares subrayando que se va de la institución un buen hombre, un buen militar y un buen mexicano.

Se escuchan aplausos y luego de darse un abrazo con el jefe supremo, lo hace con Romero Valdivia, quien promete hacer todo lo posible por continuar su legado, en particular acabar con todos los narcos que tienen azotado al país. En ese momento se les acerca un teniente y le dice algo al oído al general Romero Valdivia, quien se retira hacia el interior de las instalaciones militares.

***

En el rancho, los trabajadores del plantío le están haciendo un agasajo a don Benito que acompañado del Colorado, Gonzalo Gallardo, Damián, el Chaparro y el Rubio disfrutan del enorme festín. El líder de los campesinos agradece en nombre de todos sus compañeros el buen corazón de don Benito, menciona que ni ellos ni sus familias tenían ni para una tortilla y que gracias a él, al Colorado y a don Damián hoy tienen con qué comer. El pueblo se lo agradece. Con la nueva cosecha que van a recoger, el campesinado tiene la esperanza de tener la casita con la que tanto ha soñado. Luego les muestran un nuevo busto que están pensando poner en el parque que bautizarán en su honor. Sin duda, don Benito es el Dios de la región.

Después de los aplausos vienen las palabras de don Benito asegurándoles que se morirá tranquilo el día que todos los mexicanos se acuesten sin hambre y sin frío.

***

El agente de la DEA Castillo y su piloto Juan Marcos, esperan en la oficina del ejército a Romero Valdivia. Después de saludarlo y felicitarlo por su ascenso, le dicen que la DEA, según un exhaustivo trabajo de investigación que ha culminado con la infiltración de Juan Marcos, tiene identificado lo que podría ser un peligroso cartel de drogas. Piensan que como comandante de la brigada, Romero Valdivia podría dar la orden de matar a esa culebra de tres cabezas.

Castillo muestra con fotografías quiénes conforman ese cartel. En primera línea están don Benito, el Colorado y Gonzalo Gallardo. Hay una segunda línea pero aún no tienen claro quiénes la integran. El primer paso para los agentes del gobierno estadounidense es acabar con esa primera línea y luego seguir con la segunda y con las que vengan. El objetivo de su gobierno es que el narcotráfico no se establezca en México. Para ellos sería como tener al enemigo en el patio trasero.

***

Al rancho de don Benito han llegado personalidades importantes de Suramérica. Pablo Escobar y Niño Malo ahora saben que pueden confiar plenamente en sus socios y han traído regalos para todos. Resalta el arma que han mandado a hacer especialmente para don Benito: un cuerno de chivo repujado en plata con incrustaciones de piedras preciosas, entre las que sobresalen diamantes y esmeraldas. A Damián, en vista de su éxito con el primer crédito, le traen otros tantos kilos de cocaína.

—Vamos a ver, Pablito. Ya ves que no sólo saqué a mi hermano con vida de tu país, sino que también te forré los bolsillos con una lana que los pinches gringos ya te habían bajado.

—No deberías de ser tan presumido mexicanito, hoy tuviste suerte... mañana, ¿quién sabe?

—Pues mira Pablo —acentúa Damián—, más vale que le reces a cualquier virgen que haya en tu tierrita porque quieras o no, yo soy el único medio de transporte que te queda para seguir negocios con los primos.

Damián le da la espalda a Pablo quien aún tiene el cuerno de chivo en las manos. Damián siente en la nuca la mirada asesina de Pablo Escobar; gotas de sudor frío corren por su columna vertebral y escucha el grito de las águilas que ahora sobrevuelan por el plantío de marihuana. Pero gracias a los negocios, a Dios, a la virgencita de Guadalupe, al patrón Malverde y al rosario que todo narco que se respete lleva al cuello o amarrado en un tobillo, no sucede nada.

Es momento para celebrar en grande. La prosperidad para todos, en especial para el pueblo y los campesinos, está a la vuelta de la esquina.

Los socios colombianos traen quinientos kilos para seguir con la sociedad. Don Benito le ordena al Chaparro y al Rubio que bajen la mercancía. Antes de que Gonzalo Gallardo diga nada, don Benito le dice que en muestra de solidaridad y de transparencia le va a dar doscientos cincuenta kilos para que se los lleve a Tijuana. Damián se lleva los otros para pasarlos al norte por su lado. Niño Malo mira inquisitivamente. El Señor de los Cielos, demasiado confiado en sí mismo, le muestra una de las señas más vulgares que existen en México: le tuerce los dedos de una manera particular y moviendo los labios sin emitir sonido le dice: "Güevos puto". Luego le anuncia a su tío que tiene que decirle algo en privado.

No lejos de allí, Gabriela se ha quedado en su nueva casa buscando un poco de paz. Aunque son amables, esas personas le son extrañas.

De repente suena su radio de comunicaciones para avisarle que su patrón la solicita. Extrañada y arrogante, contesta que ella no tiene patrón ninguno hasta que su interlocutor le aclara que se trata de Pablo Escobar.

***

En ese mismo momento, el general Romero Valdivia, el agente Castillo y Juan Marcos sobrevuelan los cultivos de marihuana y toman nota de la magnitud del operativo que les espera. Toman fotos sorprendidos de ver tanta siembra junta y exclaman que es más grande que los parques de Disney en Orlando. Desde ya tienen que diseñar un plan para acabar con ese plantío y darle una lección a esos narcos que creen que en este mundo la justicia se la pueden pasar por el arco del triunfo.

Romero Valdivia les da la razón, pero esa región vive de eso, su economía está basada en ese producto. Terminar con eso sin darles una alternativa es mandar a sus habitantes a la pobreza absoluta. El agente Castillo le argumenta que ese no es su problema, su gobierno tiene otras instituciones que se encargan de eso, punto y aparte.

—No señor, ni tan "punto y aparte". Usted va a venir a hacer este operativo y en él va a poner en riesgo su vida. Es muy diferente enfrentar a narcotraficantes armados hasta los dientes que a una horda de civiles enardecidos porque unos "guachos", como nos llaman, o unos "gringos hijos de su puta madre", como los llaman a ustedes, les vienen a quitar el pan a sus hijos.

El general tiene sus diferencias con el agente extranjero sobre cómo abordar estas cuestiones y dice que no quiere que se note la intervención directa de Estados Unidos en asuntos que les competen exclusivamente a ellos. La discusión continúa en torno al tema: el agente plantea el narcotráfico como un problema de seguridad nacional que afecta a los dos países, mientras que el general afirma que, en México, se trata de un delito contra la salud pública.

***

En el rancho, Don Benito regaña a Damián, le reclama que deje de ser tan ambicioso. Gonzalo Gallardo ha sido su socio de toda la vida, y aunque es un tipo chueco, es derecho con los que son como él. Damián le refuta que eso no es ser ambicioso. Cada uno tiene su negocio y ahora el de ellos es el de la coca. Gonzalo Gallardo puede seguir en su negocio de la mota, eso no le afecta. Don Benito, como un padre, sienta a Damián y le dice que si sigue pensando así, no sólo se va a ganar enemigos en el negocio sino que su vida será corta. Ya se lo había advertido: si sigue chingando, él mismo lo va a matar.

Al final, Damián le pregunta a su tío si puede quedarse con la droga extra que les llevó el colombiano para él venderla en San Antonio. Don Benito, cansado de la situación, pero también de las agallas de su sobrino, le responde que no, porque no se pueden echar todos los huevos en el mismo canasto. Esta negativa le pega directo en el estómago a Damián. Espera una señal para desenfundar, quitarle el seguro, montar la pistola y rellenarle la panza de plomo al bobo de su tío, pero la señal no llegó y Damián se contuvo.

Gonzalo Gallardo llama por radio a sus sobrinos y les informa que el negocio está listo y los espera donde siempre.

Juan Marcos, ya de regreso en el rancho, se refugia en una oficina para transmitir los acontecimientos recientes a su compañero y al general, pero es sorprendido por Dagoberto.

—¿Qué chingaos estás haciendo aquí, cabrón?

El hermano mayor de Damián, que sigue sin tragarse al piloto boricua, lo mira lleno de coraje y con un tono de satisfacción en el rostro. Con ese instinto que tenían los Torres, que no necesitaba montar inteligencia ni mandar investigar a nadie, ese instinto que venía desde lo más recóndito de las entrañas, Dagoberto sabía que ese pilotito de avión de papel no era más que una rata que muy pronto les iba a correr entre las patas. Juan Marcos simula mandar un mensaje con su celular mientras está usando su radio.

—No se ponga así, señor Dagoberto...

—Qué "señor" ni qué la chingada... El señor está en los cielos y en la tierra puro pinche traidor chivatón como tú.

—No sé de qué está hablando, don Dagoberto.

Dagoberto, bastante enchilado, se deja de palabras y pasa a la acción. Saca una enorme pistola que lleva clavada en su larga bota de piel de anguila y se la pega en el pecho al boricua que comienza a sudar a chorros.

—Habla, cabrón. Y más te vale que me des las respuestas indicadas, si no quieres que te cosa la panza a plomo limpio.

—Es que debo recoger a las hijas de don Benito para traerlas al rancho y necesito pedir permiso a la torre de control y revisar los nombres que están sobre el escritorio.

Dagoberto no le cree y le pide intercambiar los radios con la intención de escrutarlo.

—Más vale que sea verdad lo que dices, pinche piloto de estufa, porque si no... eres hombre muerto, cabrón. Ya sabes que me caes en la punta de la pistola y cuando alguien me vibra tan mal... siempre es por algo.

Sin más opción, Juan Marcos le da su radio y se aleja preocupado del lugar. No sólo teme la información que los narcos puedan sacarle al aparato, también le aterra que Castillo o el general le vuelvan a llamar por alguna razón. Ahí sí que estaría en graves problemas.

37 Nada las tiene contentas

Gabriela, que ya se ha ido acostumbrando a suelo mexicano (razón por la que sigue en ese país), carga la mercancía en el camión mientras Damián se despide de su tío, quien le da la bendición.

—Ya sé que por dentro me la estás mentando y que poco te falta para enviarme a la tumba, cabrón. Estoy muy viejo para que me engañes, pero un día de estos vas a comprender que todo lo que hice, lo que hago y seguiré haciendo sólo es por tu bien.

—Ya, tío, no mames. No me trates como si fuera un pinche plebe. Dame la mercancía, me toca porque yo he sido el que más me he chingado. ¿A poco no?

—Te voy a dejar de tratar como niño cuando dejes de portarte como tal. Bájale de huevos y te juro que será la última vez que haces un coraje conmigo.

—Pinche vieja pendeja —le dice a Gabriela al llegar—, ni me hables que vengo bien enchilado. Y una de dos... o te madreo o te cojo. Así que calladita te ves más bonita... Órale, métele la pata y nos vamos a chingar a tu madre.

En eso, Guadalupe Alarcón, sobrino de Gonzalo Gallardo, aterriza su nave en la pista clandestina de don Benito. Cuando Damián ve el lujo del avión se regresa. Al contemplar las alas y la envergadura de la preciosa aeronave, se evapora todo el coraje que lleva dentro. Grita con emoción:

—Esas son águilas y no chingaderas... Un día, voy a tener todo el cielo para mí solo.

—No, mexicanito, estás cagado y el agua lejos. De verdad que estás más loco que una cabra. Apenas hace un minuto estabas... ¡no jodas! Y ahora sí, muy feliz, ¿no?

—¿Qué vas a saber de amores si nunca has besado a un burro?

—¿Perdón?

—¿Que qué chingaos vas a entender tú si eres vieja? Tú y las de tu especie, como decía mi abuelo, sólo sirven para el metate y el petate. Así que a callarse la bocota o te la cierro de un putazo. ¡Ya dije!

Damián se baja del camión dejando a Gabriela con la boca abierta. Guadalupe Alarcón, al ver a su amigo de toda la vida, le abre los brazos tan grande como las alas del avión. Los dos hombres se estrechan con fuerza y Damián no pierde tiempo para pedirle a su *brothercito* que le explique con todo detalle cómo funciona esa nave. El "Lupillo" Alarcón, jala a su amigo hacia el avión.

—¡Qué explicaciones ni que la chingada, Damiancito...! 'Orita mismo vas a volar esa chingadera con tus propias manos aunque nos caigamos todos por tus pendejadas.

Ambos hombres se mueren de la risa mientras Lupillo le da la explicación precisa. El obsesivo de Damián sigue cavilando con el tema de volar aviones. Sonríe como un niño travieso. Ese avión es lo más cercano que conoce a la felicidad. Es la primera vez que escucha muy dentro de su cabeza un murmullo, como si una ráfaga de aire helado congelara sus orejas al paso de las extrañas palabras. La voz, gruesa y mal entonada, como la de un indio que confunde su lengua materna con el español que aún no alcanza a dominar, reza: "El Señor de los Cielos... Tú serás el Señor de los Cielos". Damián se espanta, se da cuenta que ha traspasado el límite. Hasta él, que es un hombre de poca preparación académica, sabe que cuando escuchas voces en la cabeza es porque te estás volviendo loco. Y la que él escucha es muy clara....

Después de recibir las instrucciones de Guadalupe, Damián sube a su camión. Conversa con Gabriela al tiempo que le confiesa que los aviones son lo mejor que pudo haber inventado el hombre.

Antes de marcharse y de despedirse de su esposa, debe despedirse de las otras seis amantes que tiene. Este acto sí que sorprende a Gabriela, que a la distancia sonríe para sus adentros pues confirma el estado mental de su encantador jefe temporal.

Luego va a su casa a despedirse de Ximena, a la que le cuenta la misma historia que a las anteriores: que se va por unos días y si todo resulta como piensa, se compra un avión cuando regrese.

Ximena, como buena esposa de un sinaloense, está acostumbrada a no hacer preguntas. Toda mujer de narco mexicano sabe a qué se dedica su marido, pero eso no se habla. Eso no se discute. Eso, simplemente, no está en ningún diccionario. Así que es mejor fingir demencia, como lo hace Ximena ahora. En teoría ella no tiene claro para dónde va su esposo. Damián, orgulloso, le deja claro que lo suyo es trabajo y que no se va con ninguna mujer. Para Ximena es mejor pensar mal que saber la verdad, así es que nuevamente finge demencia y le dice que no le cree. Se presentó en su casa una tal Azucena que lo andaba buscando y le contó una aventura que tuvo con él.

Ximena está enfadada por las mujeres que a diario aparecen buscando a su marido para que les reconozca a sus hijos y le ha empacado su ropa para que no vuelva al rancho. Damián está que se orina del susto, si algo teme son las rabietas de su esposa. Damián se defiende como puede argumentando que esa casa es suya. La casa sí, pero el hogar no, y Ximena no quiere darle mal ejemplo a su hijo. Así que ya mismo se va y no regresa. Lo que Damián no sospecha es que esta estrategia de Ximena sólo le sirve para ganar tiempo, pues si Damián se entera de lo que está pasando realmente es capaz de matarla.

Damián debe tragarse su rabia porque Gabriela está presente. Con tristeza y malestar por lo que acaba de pasar, se sube al camión y le comenta a Gabriela que a las mujeres nada las tiene contentas. Aunque espera una respuesta, Gabriela no dice nada. Sólo comienza a reír, primero de forma discreta y luego soltando unas carcajadas tan sonoras que parecen aullido de lobo hambriento.

38 Los chuecos

Damián viaja en el camión por las carreteras que lo llevarán a la frontera. Lo rebasan dos camionetas del ejército repletas de soldados bien armados. Gabriela carga y monta su arma, expectante ante una eventualidad.

—Ya deja tus pinches pistolotas, babosa. En este país de feos, para defenderte te servirían más una minifalda y un escote. Pero... no, poco importa lo buena que esté la pinche señorita machorra, a huevo quieres parecer Rambo o "Termineitor".

***

A esa hora, Dagoberto le explica a su tío la desconfianza que le profesa Juan Marcos y le entrega el radio que le había quitado horas antes. Don Benito lo reprende por su mala cabeza, confirmándole que efectivamente le había pedido recoger a las niñas. Le dice que está actuando mal con una persona digna de credibilidad que no sólo se ha ganado su confianza sino que también ha hecho trabajos para su hermano Damián, quien fue el que lo trajo a la familia. Dagoberto le dice que él tiene razón y no habla más. Sin embargo, don Benito sí hace comentarios y muy gruesos.

—Mira, pinche Dagoberto, tú nunca has sido ni muy brillante ni muy valiente pero siempre has sido centrado y digno de confianza, y eso vale más que cualquier cosa en este negocio. Así que no empieces con mamadas, que con las de tu pinche hermano tengo suficiente... con la diferencia que sus pendejadas nos traen dinero y las tuyas sólo echan a perder el equipo, ¿entendiste?

Dagoberto se queda muy dolido pero como bien lo dijo su tío, él no tiene los tamaños para llevarse la mano a la pistola. Ni siquiera podría imaginar acabar con la vida de su tío Benito de tres balazos en la cabeza.

***

El avión sobrevuela el Océano Pacífico con el padrino del negocio Gonzalo Gallardo y dos de sus sobrinos. Los familiares celebran el gran negocio. Hablan de que don Benito es un tipo correcto, pero Damián, a pesar de su simpatía, les causa cierta desconfianza.

Tras aterrizar en su pista clandestina, el Padrino descarga el avión con Isidro y Guadalupe. Al instante aparece Simón, el menor de los tres, anunciando que ya tienen todo listo con varios campesinos ansiosos a la espera de órdenes.

***

Damián sigue con su valiosa carga camino a la frontera. Discute con Gabriela porque sus puntos de vista son encontrados la mayoría de las veces. Damián se mide un poco con ella, aunque su característico machismo aflora en variadas ocasiones. Además Gabriela le parece la mujer más hermosa que ha conocido, pero también la más estúpida por no hacer buen uso de su belleza.

Avanzan sin contratiempo hasta que divisan un convoy de las Fuerzas Armadas que viene de frente hacía ellos sin darles oportunidad de recular. No alcanzan a decidir lo que harán si los detienen. Se juegan la suerte de seguir adelante como si nada les preocupara.

Antes de llegar al retén, que tiene montado el ejército, el comandante los detiene. Miembros del ejército les hacen señas con la punta de la pistola para que se bajen del vehículo. Gabriela desenfunda su arma y está dispuesta a batirse.

—¿Será que por cada viaje vamos a tener que darles cuello a dos o tres agentes?

—Chale, Gaviota... ya te estás haciendo más mexicana que el no-pal. Escúchate como hablas... hasta pareces mi paisana.

—Prefiero escuchar los balazos de mis pistolas.

Pero ante la mirada de Damián y la magnitud del convoy, en un acto veloz, Gabriela alcanza a esconder el arma bajo el asiento.

Con las piernas abiertas y los brazos extendidos sobre el camión, son requisados por los soldados para asegurarse que no están arma-dos. Los interrogan sobre sus intenciones y con voz sarcástica Damián le responde al funcionario de ley:

—Voy a conseguir un caballo fino.

Las preguntas continúan. Cansado, el oficial a cargo del convoy espera que Damián le responda qué lleva. Damián, manteniendo la calma acostumbrada cada vez que está en peligro, asegura que sólo víveres. A pocos metros interrogan a Gabriela, pero al no obtener res-puesta, Damián comenta en voz alta que la muchacha es muda y que si no le creen, les sugiere que le den una golpiza. El primero en recibir un golpe certero en la frente es Damián, que se dobla del dolor.

En el suelo y en desventaja, con un arma apuntando a sus cabezas mientras los militares, que ya habían encontrado la cocaína, extendían la droga por el piso, Damián y Gabriela se niegan a revelar el nombre del propietario de la droga. Los maltratan y amenazan con ir subiendo la intensidad del interrogatorio hasta conseguir la respuesta.

Los doscientos cincuenta kilos siguen extendidos al lado del ca-mión donde el jefe del escuadrón golpea a Gabriela preguntándole de quién es esa mercancía. Ella no dice absolutamente nada. La cosa no pinta bien y Damián mira a su alrededor para reconocer el terreno en caso de que pueda salir corriendo. Cuenta los hombres que los rodean al tiempo que de reojo sigue observando el rostro de Gabriela bañado en sangre. Busca un claro que le de alguna posibilidad porque nunca se sabe lo que aguarda a la vuelta de la esquina.

El jefe mira a Damián, saca su pistola decidido a pegarle un tiro, y lo amenaza para que hable. Damián abre los ojos, siente la muerte encima pero permanece en absoluto silencio. El comandante monta la pistola, hace un movimiento rápido con su mano para cambiar el rumbo, y justo cuando le va a pegar un tiro en la cabeza a Gabriela, Damián grita:

—¡Nooooooooo!

Sin salida, Damián confiesa que esa mercancía es de su tío Benito, conocido como don Benito. Gabriela apenas mueve la cabeza en signo de negación.

***

A esa hora, los diez campesinos al servicio del Padrino caminan por el desierto a pleno sol como si estuvieran en las playas de Miami bebiendo cosmopolitans. A sus espaldas, cada uno lleva un costal con veinticinco kilos de cocaína.

39 : El nuevo reino de la coca

Inmediatamente el comandante del convoy se disculpa y los desata ayudándolos a levantarse; primero a la dama por supuesto. Sus hombres expectantes atienden la orden y se disponen a cargar el camión.

Los doscientos cincuenta kilos de cocaína pura están acomodados de nuevo en el camión como si nada hubiera pasado. El jefe del escuadrón militar le reclama amistosamente a Damián que no le dijera con anterioridad que eso era de don Benito. Damián, tomándose un vaso de agua, le explica que porque él no le dio tiempo.

El oficial le pregunta para dónde van, a lo que Damián responde que para el norte. Delincuente y delincuente se estrechan la mano. El camión ya está cargado. A tal punto llega el contubernio que el oficial le ofrece escoltarlos hasta la frontera para evitarles contratiempos con otros puestos de guardia.

**

El que sí va como Pedro por su casa es el grupo del Padrino; a ellos no los detuvo nadie mientras cruzaron por la zona desértica. Los diez campesinos llegan a una finca en territorio estadounidense. Guadalupe e Isidro y su tío Gonzalo Gallardo los reciben felices de que todo haya salido bien. Después de pesar de nuevo la mercancía en una báscula, les pagan y les entregan un carro para que los campesinos se regresen a Tijuana. Pero hay un problema: los campesinos no saben manejar.

Guadalupe, no muy a gusto, piensa solucionar el problema de raíz pegándole un tiro en la cabeza a cada uno, pero finalmente solucionan el problema consiguiendo a alguien que los lleve.

***

En la garita del paso, Damián espera al oficial comprado que no aparece por ninguna parte. Llenos del valor y el coraje que les ha dado la autoridad del tío frente a los miembros del ejército mexicano, Damián y Gabriela intercambian miradas que lo dicen todo.

Antes de cruzar la frontera, Damián mira nuevamente para ver si llegó su contacto y al cerciorarse de que no está la duda vuelve a rondar su cabeza. Intenta con unas palabras que Gabriela apruebe o desapruebe sus intenciones, pero ella permanece callada.

Damián se queja de su negativa de pronunciar palabra. Ella se mantiene en su posición de sólo obedecer. Damián, cansado, decide atravesar sonriente y sin inmutarse por el puesto de control. Entrega sus pasaportes y gracias a la firmeza y seguridad que acaba de mostrar no tienen inconveniente y hacen su ingreso triunfal a Estados Unidos.

***

Lejos de ahí, el Padrino le entrega la droga que acaba de pasar a Estados Unidos a sus contactos en Los Ángeles, quienes le dan trescientos veinticinco mil dólares mientras consiguen el resto del dinero. El Padrino les advierte que negocios son negocios y que así sean conocidos o cercanos, los espera con el resto de la lana del flete en doce horas. Los compradores han quedado tan felices como sorprendidos, pues no entienden que el mero mero, el jefe de jefes, se esté dedicando al negocio de la coca. La explicación es muy simple. Según sus propias palabras, el Padrino está diversificando su portafolio.

40 El rancho ardiendo

Don Benito y su esposa Bertha reciben a sus hijas que acababan de llegar de Estados Unidos gracias a Juan Marcos. Las hijas, como de costumbre, saludan a su papá en inglés y don Benito queda en la nebulosa. Las universitarias se burlan de él porque no les entiende nada y se dan el lujo de reclamarle por no haber estudiado ese idioma. Sus hijas caminan hacia la casa hablando entre sí y dejan a su papá con el piloto, quien aprovecha la ocasión para decirle a don Benito lo que las jóvenes estaban diciendo: al día siguiente llegaban los novios, pero como no le podían decir a su papá que eran sus novios, le dirían que sólo eran amigos. Don Benito le agradece al piloto ese gesto de lealtad y enfurecido le dice que sus hijas no se burlarán de él.

***

En las calles de Los Ángeles, el Padrino y sus sobrinos, que llevan paquetes de los mejores almacenes con la mejor ropa, recorren el barrio chino para luego caer al bulevar de las estrellas. Entran a una tienda a preguntar cuánto cuesta pintar una estrella con su nombre como las que hay en la calle. El de la tienda no entiende nada.

***

En San Antonio, Damián les está entregando la coca a los contactos colombianos. Y como don Benito había decidido no darle los cien kilos que le dio Niño Malo, Damián negocia que le paguen el dinero que le deben del flete con mercancía, y así se queda con cincuenta kilos. Esto trae consecuencias con Gabriela y discuten nuevamente por la intención de Damián de distribuir por su cuenta cincuenta kilos de cocaína para hacer una ganancia extra.

Damián saca de la cama a empellones a don Pío, el mexicano que le distribuyó los kilos anteriores. El viejito no puede creer la desfachatez de Damián de venir a joder tan temprano.

—¡Son chingaderas, mano! —es lo único que puede expresar don Pío, al ver a Damián muy acomodado en su casa.

—A ver: "Pío, pío, pío... cantan los pollitos, cuando tienen hambre, cuando tienen frío" —le canta Damián con una voz destemplada—, si yo supiera a quien venderle esto no te necesitaría, pero como hoy me dio un ataque de pendejismo, se jodió, ruquito. ¿Qué no te sabes ese viejo y conocido refrán que dice: "Al que madruga, Dios lo ayuda"?

—Chinga tu madre, Damián Torres. Ya podrías haber aprendido un poco de respeto de tu tío Benito.

Damián le acaba de proponer a don Pío el negocio de su vida. Su negocio es mucho mejor que el que le pueda proponer cualquier colombiano. Está dispuesto a dejarle el kilo de cocaína a diecisiete mil dólares. Necesita la mitad ahora y la otra mitad al otro día. Don Pío lo piensa y le pregunta...

—¿Qué cambió? La vez pasada te llevaste al Celerino de "garantía".

—Pues que el Celerino, andando ya bien pedo, cantó recio y quedito dónde vive su tía Amanda, su mamá, Carlota, sus hermanos, sus hijos y hasta las amantes que tiene. Así que no se preocupe don Pío, vaya y venda que yo aquí lo espero. Ah, por cierto, don Pío, aunque usted me conozca desde chico y sea amigo de mi tío de toda la vida... la próxima vez que me miente la madre le voy a partir la suya. ¿Le quedó claro, pinche viejito mamón?

Ahora le toca sonreír a don Pío, que ya muy cerca de la puerta le dice a Damián con todas sus letras:

—Pos, chinga a tu madre.

Y sale a toda velocidad dejando a Damián ardiendo de coraje.

***

En Los Ángeles, el Padrino llega a un banco acompañado por Guadalupe, que habla bien inglés. Piden hablar con el gerente, a quien le dicen que necesitan hacer un giro a México. Parece que las cosas marchan bien, hasta que el gerente deja claro que tendrían que ser clientes del banco antes de poder realizar cualquier transacción. El Padrino no le pone problema y comienza a llenar los documentos para abrir la cuenta mientras envía a su sobrino a traerle la maleta que tiene en el coche.

Cuando Guadalupe regresa con la maleta, el gerente del banco pregunta la cantidad con la que piensan abrir la cuenta. El Padrino, con su toque característico, simplemente quiere saber con cuánto se puede, a lo que el gerente responde que con lo que quiera. En el colmo de la ignorancia o de la desfachatez mafiosa, acostumbrado en su país a administrar los bancos a su manera, el Padrino le entrega la maleta y le confirma que ahí hay seiscientos mil dólares.

Al salir del banco, el Padrino reniega del trato que le dio el gerente. Asegura que muy pronto tendrá no sólo su propio banco en México sino sus sucursales en toda la unión norteamericana. Justo en esas estaba cuando suenan las sirenas anunciando peligro. El gerente había llamado a la policía. El Padrino y Guadalupe corren como alma que se lleva el diablo a la camioneta que habían dejado estacionada a sólo unos metros, y en donde los esperaba Isidro, y se inicia una persecución por las calles de Los Ángeles a plena luz del día.

41 Y todo se vino abajo

Aunque en México la situación parecía rutinaria no lo era. En el cuartel militar, Castillo y los soldados del ejército mexicano se están alistando para salir en misión. Revisan armas, chalecos, radiocomunicación. Castillo, acompañado de todo un regimiento de soldados bien armados, se dirige a la casa de don Benito a quien ya tenía en la mira.

En el rancho de don Benito los trabajadores están en su oficio. El negocio sigue su aparente orden. No hay presagio de la tormenta que se avecina. Don Benito, en su cuarto, descansaba plácidamente en compañía de su esposa cuando sus subalternos entran corriendo a las habitaciones tratando de actuar lo más rápido posible. Las sirenas y el humo sacan de su sopor a toda la familia, que sale de la casa precipitadamente. El campo arde y los carros de la policía han tomado el lugar sigilosamente. El rancho de don Benito, su monumento, se había convertido en un hervidero donde todos, atrapados como hormigas, buscaban la mejor salida. Don Benito está en shock, no atina a reaccionar, él creía tener manejada la situación. Los campesinos dan vueltas sin saber cómo escapar de semejante infierno. Todos desconocen el motivo del fuego, pero el ejército, que lo ha provocado, sabe exactamente tras de qué y quiénes va. La esposa y las hijas de don Benito, atolondradas, se dejan llevar por el Traca Traca y Dagoberto, quienes intentan protegerlas en el trayecto hasta el carro. Todo es confusión y Juan Marcos, el artífice de todo, disimula mostrándose asustado. Después de haber compartido con don Benito y de conocer su lado más humano, a Juan Marcos le duele tener que traicionarlo porque el viejo ha llegado a inspirarle cariño y hasta a recordarle a su padre, pero las circunstancias lo obligan a mantener una doble vida y se le quiebra el corazón en dos pedazos que pelean entre el deber y la amistad. No se sabe si don Benito está llorando por el humo o por la frustración de no poder estar con toda la familia ahora que había hecho traer a sus niñas desde Estados Unidos. El cielo se encapota. Con un pañuelo en el rostro busca la forma de enfrentar el infierno en que se convertían sus campos. Era como si se le estuviera quemando la vida misma.

***

Gabriela y Damián comen en un restaurante en San Antonio. Damián se ha tomado sus tequilas por lo que la ve aún más bonita.

—¿Y qué, mi Gaviota? Cuéntame... ¿A ti te gusta coger seguido o sólo piensas en matar soldaditos de plomo?

Gabriela mira a Damián con seriedad. Sabe que su acompañante tiene demasiadas copas encima y que si le sigue el juego, eso va a terminar muy mal.

—Te estoy hablando, pinche Gaviota, no me des el avión... ¿Te gusta coger o no? ¿Te gusta arriba o abajo? ¿Te gusta chico, grande y mameluco?... No me vayas a salir con la pendejada de que te gusta hacer tortillas con otra vieja...

Gabriela, encendida con las pendejadas de su loco patrón temporal, reacciona de inmediato y le clava una cachetada de tal envergadura que por poco le rompe la quijada. Damián se para y sonríe.

—Ay cabrona, se me hace que sí te gustan las gatas de siete vidas, bueno... mejor. Entonces la orden que te voy a dar no irá cargada de sentimientos, placeres y chingaderas de esas... sólo será eso: una orden.

—Mucho cuidado con lo que va a decir, mexicanito.

Damián no hace caso de la advertencia y escupe con todo descaro.

—Gaviota, te ordeno que me abras las patas y...

Arde Troya. Gabriela y Damián llegan a las manos porque ella, pensando que su acompañante estaba demasiado borracho para recordar el primer golpe, le lanza una nueva bofetada sin contar con los reflejos de boxeador que tiene Damián. Le toma la mano y ahora es él quien revienta un sonoro cachetadón en el bello rostro de la colombiana. Gabriela, llena de fuerza por los miles de entrenamientos recibidos, lanza un nuevo golpe sobre Damián, que esta vez sí revienta en plena nariz del Señor de los Cielos.

Damián la agarra del cuello y forcejean en el piso mientras intentan desenfundar sus armas. Se ofenden mutuamente y gritan insultándose hasta quedar exhaustos, tendidos el uno junto al otro. Gabriela agarra un segundo aire, le hace una llave a Damián y comienza a ahorcarlo. Damián no puede respirar; agarra como puede una botella del suelo y le da a Gabriela en la cabeza. Respiran. Gabriela agarra su pistola y justo cuando la va a detonar, Damián también saca la suya. Se apuntan.

42 Entre más buenas, más cabronas

Damián y Gabriela mantienen una relación de fieras indómitas que se revuelcan en el suelo pero no se hacen daño. No pasa mucho tiempo antes de que Damián, temeroso por la posible presencia de la autoridad si los comensales o dueños llaman a la policía, le pide en voz baja a Gabriela:

—Ya Gaviota, bájale de huevos. Tampoco es para que te pongas así, ni que nunca te hubieran pedido las nalgas.

—Pues sí, pero nunca me las habían pedido de una forma tan ordinaria, corriente y vulgar como usted lo hizo... ¡Hijueputa!

—Ya, pues, chingao. Aliviánate, toro bravo, ¿no ves que tenemos que quedarnos aquí a esperar el dinero? Y si seguimos dándonos en la madre, nos van a echar a la policía.

—Está bien estúpido "mexicanito de pocos huevos". Cómo se ve que nunca se ha encontrado con una verdadera mujer colombiana.

—Sí pendeja, lo que tú digas, pero ya cálmate.

—¿Me jura que no me va a volver a molestar con esas huevonadas?

—Te juro que no te vuelvo a pedir las nalgas... También te juro que tú me las vas a dar solita.

Gabriela está a punto de lanzarle un nuevo golpe a Damián cuando él se levanta con su mejor sonrisa y en el tono más amable que encontró en su memoria carcomida dice:

—Señoras y señores, siento mucho la escena que acabamos de armar mi esposa y yo. Como ustedes saben, del odio al amor hay un paso y eso fue lo que nos llevó a tan penosas acciones. Para compensar el mal rato, permítanme que me haga cargo de la cuenta de todos ustedes. Sigan pidiendo y brindemos todos a la salud de mi bella esposa: Gaviota de Colombia.

Sin más, Damián toma la mano de Gabriela, la levanta, la abraza y le da un beso fuerte. Gabriela, sorprendida, se resiste al principio, pero no tardó ni dos segundos en abrir la boca para que Damián pudiera recorrérsela completamente con la lengua.

Todos los comensales aplaudieron. Fue un día que ninguno olvidaría jamás, especialmente cuando al paso del tiempo se dieran cuenta de que su benefactor había sido el mismísimo Damián Torres: el Señor de los Cielos.

Pero el espectáculo de esa noche aún no había terminado. Justo en ese momento entran tres bandidos y sin mediar palabra sentencian que al que se mueva, lo matan. Gabriela intenta sacar su arma pero Damián le dice que no. Disimuladamente le pasa el maletín con parte del dinero que guarda y ordena a su acompañante que no lo vaya a entregar.

Los asaltantes tiran a todos los comensales al suelo mientras les quitan violentamente las pertenencias. Se hacen de carteras, relojes, joyas y artículos de valor. Encañonan y escupen mientras amedrentan a sus víctimas. Nadie se atreve a levantar la cabeza excepto Gabriela. El gesto llamó la atención de uno de los ladrones que inmediatamente, arma en mano, llega donde Damián y Gabriela. Le ordena que le entregue el maletín pero ella, fiel a las órdenes de Damián, no obedece. Otro de los asaltantes intenta quitárselo forcejeando, pero la mujer no está dispuesta a soltarlo. Uno de los ladrones le apunta con el arma en la cabeza, la monta para disparar y Damián le da la orden de que lo entregue.

Gabriela no quiere; Damián le grita desesperado:

—¡Es una orden!

Gabriela termina obedeciendo. Los asaltantes huyen con el inesperado botín. Apenas salen, Damián le pega su emparejada a Gabriela acusándola de irresponsable. El dinero no se puede esfumar, pertenece a nuestros socios colombianos que no se andarán con rodeos a la hora de exigírselo. Termina su reclamo argumentando que como sea le tiene que ayudar a recuperar el maletín.

Gabriela automáticamente sale del restaurante y arremete contra un cliente estacionando. Lo amenaza para quitarle el coche, con el que por poco atropella a Damián cuando da marcha atrás. Ahora es Gabriela quien le ordena a Damián que se suba. Gracias a su destreza para conducir, Gabriela ha logrado darles alcance a los fugitivos. Logra pasarlos y atravesarse delante de ellos haciendo que el coche de los ladrones pierda el control.

Los asaltantes se estrellan contra un establecimiento comercial. Gabriela baja y le pega un tiro a uno, y al otro, que está herido por el impacto del coche, lo obliga a decirle dónde está el maletín. Al ver las armas que les apuntan, los asaltantes comprenden que no están tratando con gente común. Informan del paradero del dinero oculto bajo una tapa en un compartimiento en el baúl del carro. Damián aprovecha y saca de la silla de atrás del coche el resto del botín, las joyas y los objetos de valor que se llevaron del restaurante. En un pequeño descuido de Gabriela, uno de los asaltantes le apunta por la espalda. Justo cuando la va a ejecutar, Damián dispara.

Momentos más tarde los dos salen del restaurante después de haberle devuelto a los comensales sus pertenencias, de pagar la cuenta de todos con una buena propina y dejando atrás una foto donde Gabriela y él sonríen junto al dueño del restaurante.

43 Graves problemas

Don Benito corre con toda la familia por los campos con la ligera esperanza de que algo quede en pie, pero el incendio sigue su curso destruyendo toda la marihuana a su paso. El infiltrado se ha quedado unos metros atrás haciendo como que no puede caminar, que está cojo. Don Benito se da cuenta y ordena al Chaparro y al Rubio que lo ayuden. Cuando el Chaparro intenta ayudarlo, a Juan Marcos se le cae un extraño objeto que dice que usa para aterrizar en las noches. Juan Marcos insiste en que lo dejen y escapen ellos, pero el Chaparro se lo lleva ayudado por otros hombres diciéndole que es por su bien, que para ellos la vida de los suyos vale más que cualquier cosa.

Logran llegar a un nuevo refugio y una vez que se sienten seguros, Bertha, la esposa de don Benito, le arma un escándalo mayúsculo. Ya no están para arriesgar sus vidas. Siempre le ha dicho que cambie de negocio y él no ha querido. Juan Marcos interrumpe, agradece a don Benito y a todos lo que hicieron por él, y les dice que se retira a descansar y que al otro día se reportará para lo que necesiten.

***

Si por el lado de don Benito llueve sobre mojado, por el de su socio Gonzalo Gallardo las cosas parecen iguales. En una de las calles de Los Ángeles, el auto en el que van Guadalupe, Isidro y Gonzalo se encuentra de frente con dos coches de policía. Guadalupe no lo piensa y se les va de frente con la intención de pasar por el medio, obligándolos a que lo esquiven. Da un viraje que los lleva a una enorme autopista. Al sentirse a salvo Guadalupe abre el techo corredizo. De repente siente una fuerte bocanada de aire proveniente del helicóptero de la policía que vuela sobre ellos. Mira a su tío y a su hermano. Comprenden que ahora sí están en graves problemas.

Están cerca de cruzar la frontera mexicana por el paso de San Isidro, pero hay muchas camionetas con policías fronterizos dispuestos a detenerlos. Guadalupe está dispuesto a jugarse el todo por el todo; se persigna y se va de frente esquivándolas y escabulléndose, siente que puede pasar a México y cuando sólo le faltan unos metros para cruzar la garita fronteriza de San Isidro, se encuentra con el mayor obstáculo: las autoridades han instalado topes para ponchar las llantas en la carretera. En un gesto de desesperación acelera y cruza la línea que separa a Estados Unidos de México con las llantas explotadas.

En México los reciben cientos de policías que los arrestan apuntándolos con armas. Del otro lado, los agentes norteamericanos se congratulan porque no escaparon a la ley.

Gonzalo y sus sobrinos viajan en la patrulla de policía esposados. Cualquier desprevenido podría pensar que van rumbo a la cárcel, pero llegan derecho a su casa. En el interior, un capitán al que apodan El Chueco, que trabaja para ellos, pide disculpas a los Alarcón. El Chueco, aunque los conoce, está sorprendido por el tamaño de la pilatuna que deben haber cometido en Estados Unidos, ¡los había seguido hasta la Fuerza Aérea! Suena el radio del Chueco. Contesta inmediatamente y abre los ojos como si lo llamara el mismísimo diablo.

44 Así es como me gustan los negocios

Cansado de esperar a don Pío que aún le debe algo de dinero de la droga, Damián toca en la puerta de su casa pero no abre nadie. Se disgusta y vuelve a tocar con más fuerza, pero nada. Siempre ha odiado las puertas cerradas, pero ésta estaba a punto de llevarlo al límite.

—Ese pinche viejito jijo de la chingada, ya debía de haber llegado, ¿no?

—Pues sí, sólo que le haya pasado algo...

—¡Qué chingaos le va a pasar a ese ruco colmilludo! ¿Tú crees que se nos haya pelado el cabrón? ¿No, verdad? Ese viejo no me va a hacer de chivo los tamales.

Ambos se miran por un segundo. No hay respuesta, ni siquiera es necesaria. Damián cambia decidido de rumbo y juntos van a buscarlo a otra parte. El trayecto para llegar a donde creen que se encuentra don Pío se hace interminable. Ni Damián ni Gabriela pronunciaban palabra alguna.

Gabriela entra con Damián a una casa de clase media en pleno corazón de la ciudad. La casa pertenece a un joven que le mueve mercancía a don Pío y es la única pista que pueden seguir por ahora. En el interior está la mamá del distribuidor. La señora les confirma que su hijo no está, por lo que la pregunta inmediata es si sabe dónde trabaja.

Es muy pronto para saber si la doña dio la información por ingenuidad o por miedo. Lo cierto es que la respuesta no se hizo esperar.

—En una discoteca de la ciudad... de esas que trabajan de noche y de día, las que tienen *afterhours*.

—Muchas gracias por la información, doñita...

—¿Y se puede saber por qué y a cuenta de qué preguntan tanto?

Y antes que Damián y Gabriela, que hasta ahora ha permanecido callada, puedan responder, la viejita los vuelve a interrogar.

—Ahora soy yo quien quiere saber quién carajos son ustedes y por qué se quieren comer un pollito con mi muchacho.

Pasada una media hora, Damián ha respondido a todos los cuestionamientos de la madre y ella confiesa que su hijo normalmente llega a las cinco de la mañana, cuando atiende el *afterhours* otro turno de trabajadores.

—A mí me vale madre si su hijo cumple con sus ocho horas de trabajo o si no le pagan horas extras. Ahora mismo me va diciendo cómo se llama la discoteca, me va diciendo la calle y número. Es más... quiero saber hasta el color de la fachada.

—¿Y si no qué?

—Yo no acostumbro a matar viejitas pero la viejota que traigo conmigo no tiene códigos... Así que vaya abriendo la bocota o la Gaviota se la cierra para siempre.

—¿Y creen ustedes que son los primeros sinvergüenzas que vienen a amenazar a mi hijo y de pilón hasta yo la llevo? Pues no, señores... ya estoy acostumbrada a los cabrones como ustedes.

Damián respira profundo. Gabriela lo mira fijamente sin mover un sólo músculo de su rostro. Sólo está esperando la orden que le pone a arder la sangre. Damián guarda silencio un momento. Quizá los consejos de su tío finalmente van entrando en su ya no tan alocada cabeza. Él mismo se dice en silencio: "Damián... no seas tan atrabancado".

Y mientras Gabriela espera la orden para aniquilar, la viejita espera el resultado de sus acciones y peor aún, el resultado de las acciones de su hijo. Damián se tranquiliza, comprende que la bronca es con el hijo y no con la madre. Da un manotazo sobre la mesa al tiempo que maldice en voz alta. Una vez más tendrá que confiar en sus instintos. Por muy grande que sea una ciudad es más fácil encontrar a la gente cuando es el billete el que habla. Y cuando se trata de obtener información, Damián está dispuesto a pagar lo que sea.

Unos instantes después Damián entra a una discoteca y se sienta en la barra con Gabriela. Damián pasa revista a toda la gente y en la zona VIP reconoce al contacto de don Pío. Le habla al oído a Gabriela, quien, al son de la música, se acerca a donde está el distribuidor. Cuando lo tiene cerca, le pone una pistola en la barriga. El joven, con el cañón del arma en el vientre, sale de la discoteca sin despertar sospechas. En el interior del coche Damián habla con el jovencito.

—Mira cabroncete, al único niño que me aguanto en la vida es a Niño Malo y como tú no estás ni cerquita de ser él, te quedas calladito y me escuchas... Yo sé perfectamente bien que don Pío te dejó toda la mercancía... Así que o me das la lana, o me das la mercancía o no vas a llegar ni siquiera a ser "niño maldito puberto". Escoge.

—No jefe, no me haga nada, es que aún no tengo completo el dinero de don Pío.

—¿Y cómo le vamos a hacer? Porque tú no tienes la feria y yo no tengo ni el tiempo ni la paciencia.

El joven comienza a mirar hacia todos lados, buscando a alguien que pueda ayudarlo a conseguir unos segundos más de vida que le permitan explicarse y hacerle entender a Damián que él no quiere morir.

—Es que mire: ¿Ve ese tipo de allá?

—Ni que estuviera ciego para no verlo, cabrón.

—Es que ese morro me debe casi todo el dinero. Ya le dije que me pague, que es de don Pío y que va a venir bien encabronado, pero le vale madres al bato.

Damián reconoce al gorila que trabaja como seguridad de la discoteca. Hace unos cuantos años, cuando Damián tenía unos veinte, era luchador profesional y Damián lo admiraba. Se acerca a él con una sonrisa en el rostro.

—Tú eres "Sombra Vengadora".

El hombre, sorprendido en un primer momento, no capta lo que Damián le dice y apenas atina a decir con voz estúpida:

—¿Mande?

—Que te desapareciste, cabrón... cuando ya eras toda una celebridad.

—Es que hay chambas que pagan mejor que andarse cayendo a madrazos por puro gusto.

—Epa, Gaviota... Tómame una foto con el "Sombra Vengadora". La quiero guardar de recuerdo... Lástima que no traes tu capa, cabrón.

—Ya te dije que ya no soy luchador. ¿Para qué necesito la máscara si ahora soy esto que ves?

—Para que te proteja de lo que te espera, hijo de tu puta madre.

El flash de la cámara del celular enceguece a Sombra Vengadora. Mientras avanzan hacia el exluchador, Damián mira amenazante al vendedor de droga que trabaja con don Pío.

—Mira, chamaco del demonio, si es mentira lo que me dices te puedes ir despidiendo de este mundo. Y de nada te servirá esconderte. Si antes, que no te conocía la carátula, te encontré, mucho más rápido ahora... Así que es mejor que te quedes cerca mientras arreglo la cagada que hiciste.

Una vez que Damián y su acompañante están en el baño de la discoteca con Sombra Vengadora, Gabriela se queda mirando al gorila. Lo estudia como felina que va a ir al ataque y entre los dos se quedan cavilando. Apenas han pasado unos segundos cuando Gabriela y Damián le están pegando. Damián, desesperado por el silencio, le mete la cabeza en el urinario. Luego le pregunta dónde tiene la lana. Gabriela monta su pistola. Clavan sus ojos asesinos en Sombra Vengadora, que para este momento está sudando de miedo, sin saber en qué momento este par de locos le darán uno o dos tiros de gracia.

—Me debería pegar yo mismo por haber admirado a un cobarde —expresa Damián.

Acto seguido Gabriela borra la foto.

—Ya no necesitamos la foto.

—Y tú, cabrón, despídete de este mundo.

—Un momento, por favor, no me maten... Yo les digo lo que quieran, pero con la vida no se juega.

—Y con el dinero ajeno tampoco se juega, pendejo... Así que comienza a cantar como Vicente Fernández padre porque el hijo no me gusta mucho.

—El varo lo tengo en la bodega del licor.

Damián agarra al gigante y le pega tres veces en la cabeza contra el urinario para que entienda que con los mexicanos no se juega, güey. Luego le da la orden a Gabriela para que vaya por la lana. La mujer registra al gigante, le saca las llaves de la bodega. Gabriela sale de la discoteca con una bolsa llena de dinero. Damián, que ya la esperaba en el coche, apenas sube, da marcha diciéndole que van a seguir cobrando. Ella mira el interior del carro pero al no ver nada, no dice nada. Tiene más preguntas que respuestas en la cabeza, pero su trabajo, como ella misma dijo, es obedecer.

Damián estaciona en una venta de coches. Abre la cajuela y le pregunta al joven amordazado que trabaja con don Pío que si ahí es el lugar. El tipo responde afirmativamente. Damián le ordena que se meta nuevamente porque necesita cerrar. Él responde que no quiere, le ruega que lo entienda, que no hay necesidad, que no se va a escapar.

—Si no te metes, llamo a Gabriela.

El niño, asustado al escuchar ese nombre, siente la muerte y se mete a la cajuela sin oponer resistencia.

—¿Ya ves, pinche escuincle, lo que es una mujer de a de veras? No esas culeras fotos de viejas encueradas con las que te haces tus chaquetas —Damián cierra la cajuela divertido.

En el interior del establecimiento, Damián habla con el dueño de la compraventa y le pregunta:

—¿Quiúbole, mi don...? Sáqueme de una duda... es que soy remalo pa' las matemáticas... ¿Con doscientos mil dólares como cuántos coches me puedo llevar?

—Entre trece y catorce —le responde el vendedor.

Damián, sella el negocio con un apretón de manos. Le hace saber que el trato está hecho y que se los lleva ese mismo día. Sólo necesita que el propietario le entregue las facturas originales de los vehículos.

El dueño del concesionario siente que ha hecho el negocio de su vida, pero se lleva una gran sorpresa cuando entra a su oficina. Su esposa y dos de sus empleados están amarrados a una silla. La esposa, amarrada sólo por el cuerpo para tener libres las manos, está firmando los títulos de propiedad mientras Gabriela la amenaza con su pistola. Damián cierra la faena con una de sus expresiones características dice que así es como a él le gustan los negocios.

45 El que la hace la paga

Todos los cabecillas de la organización se reúnen en el nuevo refugio de don Benito para hablar de lo que había pasado y encontrar al culpable. Los interrumpe la llegada de los campesinos que piden ayuda monetaria a don Benito para llevar a su gente al hospital. Se han quedado sin trabajo y sin tierra. Don Benito, que es incapaz de abandonar a su gente, saca de una caleta de emergencia el dinero que necesitan sus empleados. Los campesinos se marchan agradecidos y los cabecillas continúan con sus especulaciones. Inician las pesquisas que los lleven a descubrir cuál fue el camino, quién el traidor, qué dio pie a semejante desastre. Quieren saber dónde había fallado la seguridad e interrogar a todos los empleados cercanos por si alguien había notado algo extraño.

Cuando va a comenzar el debate, son interrumpidos por Altagracia, la hija mayor de don Benito, quien le dice que se va a recoger a su novio. Ante sus socios no dice nada, sólo niega con la cabeza; pero cuando Angélica, la otra hija de don Benito, le dice que ella va con su hermana, les dice a sus socios y empleados que lo esperen un momento.

Don Benito sienta a sus dos hijas en un sillón y después de hacer una pausa les dice:

—Yo a ustedes las adoro... Las amo más que a mi vida misma, pero no soporto que sean tan inconscientes.

—Pero papá... —se escucha a dúo.

—Pero papá, nada... Es que ustedes ven la tempestad y no se hincan.

—¿Qué tiene de malo que vaya a recoger a mi novio?

—Tu novio es el menor de mis problemas en este momento... Ustedes acaban de ver, de vivir lo que pasó. El problema en el que estamos.

—Precisamente por eso es que quiero estar con él, para sentirme segura y protegida.

—Seguros y protegidos no estamos ninguno, Altagracia. Aquí se acaba de armar la rebambaramba y ustedes pensando en sus pinches novios maricones.

—Respeta, papá, que yo no te estoy faltando a ti.

—Respeto les exijo yo a ustedes y claro que están faltando. Y no sólo a mí... le faltan al criterio, al sentido común. Ustedes no son las hijas de cualquier pendejo... Son mis hijas y por eso les pido que se comporten a la altura de las circunstancias.

—¿Y qué es lo que se supone que hagamos?

—Que sean un alivio en vez de una carga.

Dagoberto, que ha llegado en un momento inoportuno, intenta mediar entre las partes y le pide a su tío que no las regañe.

—Tú cállate jijo de la chingada, no te quieras hacer ahora el primo héroe con estas cabronas escuinclas, como si no conocieras cómo son de inconscientes.

—Mira tío, ya no te enchiles, en el momento que percibí algo raro...

Benito no aguanta más y descarga un puñetazo en la nariz de Dagoberto, quien cae pesadamente al suelo. Sus dos primas gritan del susto, pero Benito voltea amenazador aún con el brazo en alto. Amaga con golpear a las dos muchachas que comienzan a llorar del susto.

—Cállense jijas de su chingada madre que no les he hecho nada... Y tú, pinche mamón alzado, que no se te olvide quién es el que manda aquí. Así que... órale, a chingar a su madre. Te metes a la reunión y te quedas ahí hasta que a mí se me dé mi gana. ¿Cómo ves, puto?

Dagoberto se levanta afirmando con la cabeza. Mira por lo bajo a sus primas que se tapan la boca con fuerza para no molestar aún más a su padre con sus quejidos y lágrimas de miedo.

Ya de salida, Dagoberto pasa junto a don Benito, quien le da una tremenda patada en el trasero a su sobrino mayor.

—¿Cómo no te mandé a ti a dejar esa mercancía? Seguro que si Damián estuviera aquí no hubieran pasado tantas chingaderas.

Luego del disgusto, don Benito escucha las explicaciones del Colorado y de Gonzalo Gallardo de lo que pudo haber pasado. Gonzalo está seguro que no fue nadie de su gente. Don Benito insinúa que la solución puede estar en algún detalle. Lo único diferente que ha pasado, según él, es el piloto que trajo Damián, aunque a él le parece un buen tipo. Estas palabras socavan la mente de Dagoberto. Sin más, el madreado sobrino se levanta sin permiso de nadie y suelta de un putazo todas sus sospechas.

—A mí ese bato no me da confianza. Desde la primera vez que lo vi se me hizo muy raro. Antes de todo esto lo encontré a solas y muy sospechoso dentro del despacho de mi tío con un radio que le quité.

Don Benito interrumpe a Dagoberto enojado.

—Ya vas a empezar otra vez con esas mamadas. El pinche piloto sólo estaba realizando la orden que le había dado de traer a mis hijas.

—Sí tío, está bien, yo no te estoy contradiciendo en nada, pero los señores están preguntando si vimos algo raro... Pues yo estoy contando lo que vi y por lo menos a mí, sí me parece raro.

Se miran unos a otros. En principio, a todos se les hace raro que tuviera un aparato de esas características, por lo que deciden investigarlo. Así, siguieron sumando detalles. El boricua conocía los cultivos y su ubicación exacta, había recogido a las hijas de Benito, participado en reuniones y hecho preguntas que entonces parecían inocentes. No hay duda y, aunque la hubiera, era el momento de encontrar un culpable o un chivo expiatorio que contuviera tanta furia desatada. Si era culpable o no daba exactamente lo mismo. Lo que contaba en este momento es que era sospechoso y con eso bastaba.

Gonzalo y don Benito se estacionan afuera del hotel en el que se hospeda Juan Marcos. En el coche esperan Dagoberto, el Chaparro y el Rubio. Don Benito rompe la puerta de la habitación con una silla. Una vez adentro, arma en mano, se lleva la gran sorpresa. No está Juan Marcos, pero en la chamarra que dejó colgada encuentran un escudo y una cámara. Ahora todo estaba confirmado. El dolor y el coraje llenaron de golpe la cabeza de don Benito.

—¿Cómo pude ser tan confiado? Caí en la trampa que me puso ese cabrón... Le fue más fácil sacarme toda la información que quitarle el dulce a un niño. Soy un viejo pendejo y bien merecido me tengo todo esto —se decía mientras la rabia le alteraba el rostro.

Don Benito baja a la recepción y amenaza al empleado con el arma en la cabeza. El tipo le dice que no sabe nada de ese señor. Gonzalo mira el registro de llamadas que tiene Juan Marcos en su habitación y descubre que hay un número que se repite. Marca y abre hasta lo más que da sus ojotes cuando le contesta una voz femenina muy tosca.

—Comando central del ejército.

Como si eso fuera poco, descubren que Juan Marcos no se llama como les dijo. Eso atiza el fuego de la duda. Salen presurosos del hotel. El Chaparro, el Rubio, don Benito y Gonzalo no salen de su asombro. La dirección que tienen es la de un cuartel militar. Ese desgraciado era un infiltrado. Deciden esperarlo. Claro que todos se lo quieren comer vivo. El primero en ofrecerse es el Colorado.

—Déjemelo a mí, don Benito... Ese bato va a aprender de qué lado masca la iguana.

—Si me lo deja a mí, yo sí le enseño de qué cuero salen más correas, don Benito.

—Nada de eso, Rubio. Ustedes calmados, que a quien le vieron la cara de pendejo fue a mí. Así que esto es personal. Ese pollito me lo como yo, pero rostizado.

—Tú y yo que soy tu socio, Benito. A ti te vio cara de pendejo, es verdad... pero de mí también se debe estar riendo y eso no se lo perdono a nadie.

—Entonces vamos a darle, Gonzalo, que pa' luego es tarde.

Tres horas después, Juan Marcos sale de la guarnición militar mirando para todos lados, cerciorándose de que nadie lo vea. Se sube en un taxi. El taxi arranca y dos cuadras adelante se detiene en un semáforo. Allí es rodeado por varios hombres que se suben en el taxi. Don Benito y Gonzalo Gallardo se han subido uno por cada lado. Don Benito lo amenaza con su arma. Es ahí, en ese momento fatal, cuando Juan Marcos ve que el conductor no es otro que el Chaparro camuflado con una gorra deportiva.

Es el comienzo del abismo para Juan Marcos. El miedo se apodera de él, intenta disimularlo pero es en vano pues no puede evitar el temblor de sus manos mientras lo conducen a las caballerizas del rancho de don Benito, una de las guaridas en donde tienen su cámara de torturas. Es el fin, él sabe que no hay escapatoria. Piensa en su familia.

Los golpes lo debilitan y cierra los ojos tratando de orar en el último recurso de la desesperación. Lo torturan con cables eléctricos, bolsa plástica, balde con agua, alicate y cuantas técnicas de tortura existen. El hombre no da más y antes de desmayarse, emite los sonidos de un animal moribundo.

En esas aparece el médico de cabecera de don Benito que llega con una misión clara: no dejarlo morir hasta que ellos no lo hayan decidido. El médico lo ausculta y les dice que le están dando demasiado duro. Luego de reanimarlo lo siguen torturando más y más, pero Jotaeme, como le decía Damián, no suelta prenda. No está, al menos por ahora, dispuesto a decir que es un infiltrado, que trabaja para Rigoberto Castillo y que ambos pertenecen a la DEA.

46 Un agente de la DEA

Felices, Damián y Gabriela regresan a México. Todo está en orden y traen el maletín con el dinero. Damián maneja una "madrina" con dieciocho vehículos, nunca había manejado una cosa de esas.

Damián estaciona la "madrina" en un estacionamiento cercano y le pide al encargado que cuide bien sus vehículos. Se sube en su camioneta y sale con destino a casa de su tío. Al llegar, entra a las caballerizas del rancho con la sonrisa del deber cumplido y se encuentra con la sorpresa de que ahí está piloto con el rostro inflamado e irreconocible y el cuerpo desbaratado de la golpiza.

—¿Y 'ora qué chingaos pasó, tío? —grita Damián alarmado, mientras Gabriela aprieta los labios como en un: "Yo lo sabía", que pronuncia entre dientes y sigue asintiendo con la cabeza.

—¿Que qué pasó, jijo de la guayaba? Pasó que tú me metiste a este puto pájaro cantor en mi negocio sin siquiera decir: agua va.

—Pero Jotaeme...

—Jotaeme mis huevos. Este traidor acabó en dos segundos lo que me tomó construir toda la vida.

Damián no atina ni a estar enojado. La decepción en sus ojos refleja lo que siente. Se acerca al ensangrentado agente y lo interroga con la esperanza de que su tío esté equivocado.

—Éramos carnales... tú me estabas enseñando a volar aviones... sabías que ese es mi mayor sueño. Lo compartí contigo. Tú me estabas ayudando a ser lo que un día seré... "el Señor de los Cielos".

—No eres más que el señor de la droga —dice el agente con mucho odio y pocas fuerzas.

—Es mejor ser narco con huevos que un vulgar agente sin palabra, sin decencia, sin códigos de ética. No tengo palabras para explicar mi pendejez, tío... y si me quieres meter un plomazo en medio de los ojos, me lo tengo merecido. Es más, yo mismo te doy mi arma... Así que órale... Como va, tío.

—Matarte sería como acabar conmigo mismo y es lo que menos necesito en este momento.

—Pero tienes toda la razón. Yo traje a este puto al negocio familiar y ahora aquí están las consecuencias.

—Claro que pagarás por esto, Damián, pero no con la vida. Como bien dices, es un negocio familiar y quien le tira a la familia se arruina. Mejor te pongo al tanto de los acontecimientos.

—Escucho.

Damián escuchó en silencio cada detalle de lo sucedido. A pesar de saber que la había regado, no podía dejar de sorprenderse por su error. Cuando don Benito terminó la historia, Damián pidió hablar con Juan Marcos a solas para tratar de negociar con el prisionero, a quien tienen que revivir de nuevo.

Cuando abre los ojos, Juan Marcos mira a Damián lleno de miedo. Sabe que le espera lo peor, pero lejos de maltratarlo, Damián le sonríe. Damián lo interroga acerca de su engaño con su labia acostumbrada.

—Yo sé que no todo fue engaño. Sé que llegaste a tomarme cariño, como yo te lo tomé a ti.

—En eso no te equivocas, Damián.

—Sé que cuando le ofreciste a mi tío Benito la solución para que pudiera seguir pisteando sin tenerle miedo a la gota también fuiste sincero.

—Eso también es verdad.

—Fuimos amigos, cabrón. Y en nombre de esa amistad es que ahora te pido que me digas la verdad. ¿Quién chingaos eres en realidad?

Jotaeme, como lo llamaba Damián de cariño, bajó la mirada. Damián consigue la gran confesión: Lambada, a quien todos conocen como Juan Marcos, es realmente un agente de la DEA.

Damián se toma la cabeza entre las dos manos y no puede contenerse. Patea al esposado Lambada que, a pesar del golpe o por consecuencia del mismo, sigue contándole que están en la mira de los agentes federales y que los han estado siguiendo por dos años. A pesar de conocer el negocio al que se dedicaban, no habían conseguido gran información, pero finalmente él se la había facilitado cuando lo contrató y lo llevó de buenas a primeras hasta donde su tío, quien siempre había conservado celosamente su anonimato.

Juan Marcos, como lo sigue llamando Damián alegando que Lambada le suena a baile vulgar, no se había esforzado mucho. Sólo había esperado pacientemente el glorioso momento cuando Damián se le acercó y sin prejuicios ni desconfianza, le habló del primer viaje. Juan Marcos fue muy felicitado por sus superiores al conseguir infiltrarse en las filas de nada menos que el primer productor de marihuana y exportador de cocaína de México y sus socios. Y todo gracias a la confianza que depositó Damián en él al proponerle trabajar como su piloto privado.

Luego de la confesión, Juan Marcos cae en un delirio. Casi muerto, con varios huesos quebrados, los paliativos del médico no logran regresarlo pero seguían tratando de revivirlo. Damián voltea la cabeza al sentir una presencia detrás de él. No se atreve a pronunciar palabra; ya tenía bastantes problemas como para que los demás pensaran encima que estaba loco. Pero allí, justo detrás de él, estaba la Parca.

Damián voltea la mirada de nuevo hacia los presentes. Era obvio cuál era el objetivo de la Parca. De modo que ahora era Damián quien tomaba algo de la Parca para seguir adelante. Tomaba su fuerza, su arrogancia, su desfachatez, pero sobre todo, su soberbia.

Todos comprenden que Damián está furioso y se desahoga en insultos. La suerte está echada. Ese infeliz traidor debía pagar con su vida el haberlos desafiado y golpeado donde más les dolía. La reunión termina para retomarla en un momento en que el calor de los ánimos esté más calmado.

Pasado un rato se reúnen para decidir cómo actuarán. Saben que matar a un agente estadounidense equivale a echarse a todas las autoridades de ese país a cuestas y eso no les conviene ni a ellos ni a las autoridades que les colaboran.

A pesar de las torturas, no han logrado sacarle el nombre del socio que a esa hora descansa plácidamente en un hotel de la ciudad. Acompañado de su esposa, hacen planes sobre el futuro de Castillo que, tras ese triunfo, muy seguramente recibirá un ascenso por su fructífera labor.

La decisión es tan seria que Gonzalo Gallardo, don Benito y el Colorado debatían con sus empleados y familiares cómo acabar con aquel hombre que seguramente no trabajaba solo y que de plano les habían dado en la madre al quemarles su medio de producción y sustento. La votación que regiría su destino se había realizado, pero Damián se había reservado su voto por un momento. A pesar de ser impulsivo, conoce de sobra al adversario y en medio de la frustración del engaño de que fue víctima prefiere el método diplomático.

Su tío y los socios lo tienen contra la pared y debe decidir rápidamente la suerte del agente, porque la peor parte del asunto le atañe directamente a él. Esto lo colocaba en desventaja frente a los hombres que horas antes admiraban su capacidad de planear y conseguir cosas, sobre todo después de la jugada con los colombianos.

Los momentos son tensos y la decisión va a marcar el destino de todos.

47 Una cuenta pendiente

El tiempo apremia y Damián, sosteniendo la mirada, sentencia:

—Yo no voto.

Gonzalo Gallardo, enardecido, reacciona:

—¿A qué estamos jugando pinche pendejo?

—Tienes que hablar o te van a despedazar —le dice Damián a Juan Marcos, quien se rinde, en parte para favorecer a Damián que le ha dado un respiro y en parte porque no resiste el rigor de la santa golpiza que le han propinado.

No quiere delatar a su jefe. Ellos han sido muy claros en sus preguntas. Quieren saber cuánta gente hay en su territorio y qué tanto saben de cada uno de ellos. También quieren saber qué pueden hacer los gringos para detectar sus operaciones futuras ahora que tienen ubicados sus cultivos de marihuana y parte de sus contactos.

Sopesa y mide. Se aprovecha de su mal estado para titubear pero no puede seguir así por mucho tiempo, aguardando que un milagro acabe de una vez por todas con tanto martirio. Sin más recursos, comienza su relato haciendo un recuento minucioso de cada detalle, algo que para los mafiosos debe haber parecido una historia con pelos y señales. Da el nombre completo de su jefe y los datos para ubicarlo. Cree que ya sabrá de su detención y habrá abandonado el lugar, pero se equivoca.

***

Sin sospechar que algo anda mal, el agente Castillo reposa junto a Marianne, su esposa, cuando irrumpen en la habitación don Benito y sus hombres. Han entrado sigilosamente y rodean el lecho con sus armas desenfundadas y apuntando hacia los cuerpos. Castillo, sobresaltado, se da cuenta de que no puede hacer nada. Su mujer grita asustada mientras los hombres levantan de un tirón a su marido. Don Benito, herido en su honor, le pega una cachetada con la que saca toda su frustración. Aterrada, la mujer forcejea hasta que Castillo le dice que colabore para que no le hagan daño.

Castillo cae al suelo por la fuerza del golpe de don Benito y en ese momento su esposa intenta escapar. El Chaparro se da cuenta, la agarra ante la mirada frustrada y suplicante de Castillo y la amordaza.

Acto seguido, los llevan a empujones hacia la camioneta en la que los transportarán al rancho de don Benito. En la camioneta, el Rubio le pregunta a don Benito...

—¿Y si comenzamos por asesinar a la mujer con un tiro en la cabeza?

—¿Es que yo hablo chino o qué chingaos? ¿Hasta cuándo tengo que decir que el problema es con las ratas, no con las esposas de las ratas?

Y es que don Benito hasta en los momentos más difíciles de la vida es un hombre de honor; eso es lo que lo ha mantenido hasta ahora en el lugar donde está. Así le hace ver al Rubio que la mujer no tiene nada que ver, y la obliga a bajarse de la camioneta para dejarla tirada en el camino.

Treinta minutos después ingresan a la parte posterior de la caballeriza. A empujones tiran a Castillo sobre el cuerpo exhausto de Juan Marcos. Castillo imaginaba a su compañero lejos de esos lugares. Nadie puede soportar la tortura, pero ellos han recibido entrenamiento para concentrarse y manejar el dolor. Castillo les dice a los mafiosos que lo pueden matar a él, pero no pueden matar a la DEA y a todo un país que está cansado de que le metan tanta droga. Don Benito le dice que al contrario, que si ellos no les compraran no pasaría nada. Castillo les advierte que no se van a poder salvar, que los tienen a todos ubicados e infiltrados y si lo matan a él estarían firmando su propia sentencia de muerte.

Damián no está de acuerdo con que abusen de esa forma de unos hombres amarrados, y al decirlo desencadena una agria discusión con Gonzalo Gallardo. Lo acusa de débil y de ser el responsable por la quema del cultivo, y de paso le endilga el problema de la vida de los agentes de la DEA. La discusión sube de tono hasta que interviene el tío, exigiendo respeto por su sobrino que heredará su poder.

Con el espaldarazo de su tío, Damián se envalentona e impone sus criterios con más fuerza. Pero todo está perdido. La discusión respecto a la vida de los agentes está terminada y ya no cuenta ninguna opinión; o por lo menos no para salvar la vida de los agentes. Éste es, sin embargo, el primer paso de la guerra que se desatará más adelante entre Gonzalo Gallardo, sus sobrinos y Damián Torres, quien para entonces ya será el Señor de los Cielos.

Castillo y Juan Marcos respiran tranquilos, pero la paz les dura sólo unos segundos. Un disparo a cada uno en la cabeza resuelve el dilema.

Hay alarma en el grupo de narcotraficantes. Les aguarda un duro enfrentamiento. Todo se complicará en adelante y se deberán tomar medidas de emergencia.

48 O todo o nada

Pasaron unos meses. Meses en los que Damián anduvo de la casa de una amante a la casa de otra, buscando en esas mujeres lo que no encontraría a partir del momento en que vio morir a los dos agentes de la DEA: paz interior. Finalmente, sabiendo que su vida había cambiado para siempre, decidió regresar al lado de Ximena. Al llegar a la casa, Damián toca la puerta y al ver que no le abren, revisa la puerta de la cochera. Se extraña al ver que todo está cerrado, se enoja y descarga su rabia con tres disparos en la puerta.

La casa está totalmente desocupada. Ximena lo había abandonado cansada de la infidelidad de su marido y de los hijos que tenía regados por toda la región. Claro, Ximena también tenía dentro de su cuerpo un poderoso secreto que le hizo huir lo más lejos posible.

***

La esposa de Castillo llevaba unos meses vagando por las calles sin rumbo fijo, sin saber qué hacer ni adónde ir. En la más absoluta miseria, comía apenas migajas que le regalaba algún buen samaritano. Un día decide regresar al hotel en el que vivió las últimas horas de amor junto a su difunto esposo. La policía, con la certeza de que tarde o temprano ella regresaría, la estaba esperando. Revivió los espantosos momentos que vivió unos meses atrás y le contó en detalle lo sucedido a los hombres de la DEA que acompañaban a la autoridad mexicana. Le piden que se esfuerce en recordar lo más posible, las palabras, los gestos, todo lo que pueda dar una pista del lugar a donde hayan podido llevarse a su esposo. Hasta entonces no había aparecido ni el cuerpo de Lambada ni el de Castillo, y las autoridades se apresuraban a realizar allanamientos en todas las direcciones que les había provisto Lambada.

El espectáculo que encontraron en la caballeriza enfureció a los soldados; debido al avanzado estado de descomposición, los cuerpos de Castillo y Lambada sólo pudieron ser identificados por las muestras de ADN. Las claras muestras de tortura ofendieron a los policías.

***

Ese mismo día, don Benito y Gonzalo Gallardo reciben a los campesinos que vienen destrozados, no sólo por la tragedia de la quema de sus plantíos y sus ranchos, sino también por la persecución de las autoridades. Don Benito, sintiendo el dolor y la angustia de su gente, les asegura que va a ver cómo les ayuda.

Va a la bodega donde tiene algunos kilos de cocaína guardados. Clavándole la mirada a Gonzalo Gallardo le asegura que con eso van a salir todos adelante. Necesitan empezar a trabajar ahora sí en grande. Lo más urgente es viajar a Estados Unidos y vender esa mercancía.

49 : La banda del carro rojo

Buscando refugio, y tal vez consuelo, Damián visita a una de sus mujeres. Va donde la mamá de Damián Eugenio, una mujer sencilla que lo recibe en su casa. A pesar de no ser lujosa, está limpia y ordenada. Carla María tiene cinco hijos de cinco hombres diferentes, pero desde que conoció al Señor de los Cielos, sólo ha sabido vivir para él.

—Vengo a que me des un consejo. Ximena me corrió de la casa... pensé que era una más de sus pataletas por celos, así que no la pelé. Luego me tuve que ausentar unos meses pero ahora que he regresado encontré la casa vacía. Ximena me abandonó y no tengo ni la más remota idea de dónde pueda estar.

Su amante, que contrario a lo que se pudiera pensar, compadece a Ximena, le aconseja que la busque, le pida perdón y aunque sea doloroso para ella, que trate de serle fiel. Es la única forma de resarcir el daño que le ha hecho. Damián queda peor de lo que llegó.

—Pero, pos yo tengo la pinche culpa por pendejo. ¿Cómo se me ocurre venirle a contar a una mujer de otra mujer...? Psss a huevo que la iba a defender. Mejor le voy a contar a un cabrón para ver si me defiende a mí —piensa.

Damián habla con don Benito y le pregunta qué hacer. Don Benito le dice que la busque y lo resuelva; la mala noticia es que sólo tiene una hora. Se tienen que ir de viaje a llevar una mercancía a Chicago donde piensa presentarle a todos sus contactos.

—Pero, pos yo tengo la pinche culpa por pendejo. ¿Cómo se me ocurre venirle a contar de una mujer a un viejo que es como mi padre...? Psss a huevo que la iba a defender. Mejor le voy a contar a un cabrón de mi edad para ver si me defiende a mí. Damián se queda pensando un momento:

—Capaz que si le cuento a alguno de esos putos, no me la voy a acabar con la chingada burla. Ah, pero qué pendejo, pues si yo soy el único que tiene al "cabrón" más sensible del mundo.

Damián busca a Gabriela que está practicando tiro al blanco. Le da la orden de que encuentre a su mujer. Gabriela le dice que se merece el acto de su esposa.

—¿Cómo? —le pregunta Damián.

Damián le advierte que cuando regrese, lo sorprenda y sin disculpas. Gabriela no tiene otra opción más que salir a hacer su trabajo.

***

Camionetas atestadas de personal del ejército llegan a varios ranchos cercanos al de don Benito. Entran a las casas a culatazos y van requisando lo que encuentran a su paso. A una de las mujeres de Damián, aquella de la que ni el nombre recordaba, la que lo fue a ver al aeropuerto con un niño en brazos, la asustan acusándola de narcotraficante. Pero la mujer no sabe nada de lo que le preguntan, ni conoce, ni ha visto al hombre que aparece en la foto que le muestra el del ejército. Al no lograr su objetivo, le dan un culatazo haciendo que la mujer caiga al piso con el bebé.

***

En el nuevo refugio de don Benito, el Chaparro y el Rubio están acondicionando un coche rojo con cien kilos de droga que meten entre las paredes de las puertas. Orgullosos le muestran su trabajo al patrón. Don Benito los felicita pues también se da cuenta que el clavo quedó perfecto. Les da algo de dinero para que se diviertan mientras él regresa del viaje que va a hacer.

Sin perder un minuto, todos los socios viajan hacia la frontera haciendo cuentas de lo que producirían en la venta de la mercancía, que sería la base para renacer de las cenizas. Gonzalo Gallardo agradece a Damián la idea de los colombianos. Era lo único con lo que contaban. Don Benito, cocaína en mano, quiere comprobar si el negocio es tan bueno como dicen los colombianos. Además quiere recuperar dinero para poder ayudar a su gente.

Esta vez la ruta que han escogido es la de El Paso, que los llevará hasta Chicago. Pasarán por Ojinaga donde planean parar a ver a Pedro Garza, el Escorpión, un socio de don Benito en el paso de marihuana a Estados Unidos. Su propósito era saludar al socio del pasado y contactar con amigos en el cruce para no ser revisados con los cien kilos de cocaína.

La parada no fue de mucha utilidad porque el Escorpión, quien estaba reunido con unos agentes de la policía de Texas a quienes tuvo que ocultar, dijo no tener contactos porque había abandonado sus actividades comerciales y ahora estaba entregado al servicio de Dios. Obvio, todo era mentira. El Escorpión no tenía por qué hacer favores que no le iban a dejar nada; los acuerdos se habían quemado con la mota.

Los socios deciden tratar de pasar inadvertidos como cualquier turista. Van en el coche rojo por un camino con forma casi de herradura. Don Benito les confiesa que en su tiempo por ahí pasaban toda la marihuana que se producía en México, y que habían llegado a usar animales de todo tipo cargados con mota. Para él era más seguro ese camino que pasar por la frontera. Al llegar cerca del control migratorio consiguieron a un viejo empleado que les debía favores y a quien habían ascendido a guardia fronterizo. Éste les da la bienvenida y recibe los dólares que su padrino le regala para tomarse unas cervezas en su nombre.

Nadie sospecha que en ese mismo momento, en Ojinaga, el Escorpión hablaba con policías amigos suyos que trabajan en la frontera y traiciona a sus antiguos socios. Ahora está advertida toda la policía. La meta es darle alcance al carro rojo y despojar a sus ocupantes de la mercancía que llevan a cuestas, que se imagina es un cargamento importante. Los policías le agradecen porque con esa captura van a conseguir por fin el ascenso que tanto han esperado.

El coche rojo avanza por el desierto hasta que de pronto ven la bandera de Estados Unidos. Ya en territorio estadounidense, don Benito, Damián, Gonzalo Gallardo y el Colorado se percatan de que los están siguiendo unas patrullas a corta distancia. No han terminado de confirmarlo cuando de atrás sale una camioneta. Aceleran sacándole al coche la máxima velocidad, pero adelante viene otra camioneta con más policías y les disparan. El coche rojo va a dar a un lado de la carretera y ahí comienza una enorme balacera.

Damián, don Benito, el Colorado y Gonzalo Gallardo, siguen disparando sin éxito. Damián sugirió entonces apuntar la artillería a las luces al tiempo que ellos apagaban las suyas. La batalla prosiguió en tinieblas. Varios policías quedaron tirados en la arena y los delincuentes salieron victoriosos. Se preguntan dos cosas: ¿Qué hacer ahora? ¿Será nuestra psicosis o alguien más nos chivateó de nuevo?

Don Benito estalla:

—Habla, pendejo. ¿De qué te ríes?

A Damián se le ha ocurrido la genial idea de cambiar de ropa. Los bandidos se ponen la ropa de los policías y a los policías los visten con la de los bandidos. A tres de los policías que han matado les ponen en las manos sus pistolas para aparentar un enfrentamiento entre una banda y los policías. Dejan a los policías en el coche rojo después de sacar los cien kilos de coca y de meterlos en la camioneta oficial de la policía. Se suben en el vehículo oficial y huyen del lugar con rumbo a Chicago. El episodio quedó consignado en el corrido titulado "La banda del carro rojo", uno de los muchos corridos que se escucharían en la región.

Amparados por la patrulla oficial y vistiendo uniformes de los Rangers de Texas, los mafiosos llegan a la ciudad donde se entrevistan con un contacto italiano que negociará la mercancía de sus viejos socios de México. El italiano promete comercializar el nuevo producto y guarda la cocaína. La paga con dinero en efectivo que saca de una habitación contigua donde camufla la caja fuerte entre miles de objetos de porcelana.

Con el dinero contante y sonante, los socios se dispusieron a abandonar el suelo norteamericano.

50 Las tácticas

Los agentes de la DEA, la policía y el ejército emprenden múltiples operativos relámpago en el pueblo de don Benito, en los que intentan forzar a los campesinos y a sus mujeres a hablar enseñándoles fotos de los mafiosos de la región. Todos niegan conocerlos. Aunque ninguno ha recibido entrenamiento militar para soportar torturas, cuentan con el mejor entrenamiento de todos: el agradecimiento. Así que la policía, el ejército y la misma DEA pierden su tiempo.

El general Romero Valdivia es notificado que los allanamientos han revelado información importante, como que los que pagan a los campesinos son dos tipos conocidos en la región como el Rubio y el Chaparro. Ordena que los persigan y los atrapen.

A esa hora, el Rubio y el Chaparro se divertían con mujeres en un prostíbulo, quienes les alcanzan a decir que los están buscando y les señalan a unos tipos que nunca habían visto en ese lugar. Los dos empleados de don Benito reaccionan rápidamente. Le hacen creer a sus perseguidores que se van con sus dos mujeres a un cuarto, pero una vez en el segundo piso saltan por una ventana. Para cuando los agentes secretos descubren que fueron burlados ya es tarde. El Rubio y el Chaparro se habían esfumado.

Mientras tanto, los agentes de la DEA llegan a una casa. Uno de ellos, disfrazado de mensajero, toca la puerta y hace señas a la em-

pleada que le abre para que no haga ningún ruido. Al dar la señal, la
casa se llena de agentes en unos segundos. En el interior encuentran
a una señora con dos hijos, le preguntan por el esposo. Al no obtener
respuesta amenazan a uno de los hijos, por lo que la mujer les dice
que el hombre al que buscan está en una clínica de la ciudad.

Al llegar ahí, los agentes de la DEA se llevan al médico de don
Benito, el que atendió a Juan Marcos. Están por meterlo en la cajuela
del coche cuando son descubiertos por varios miembros del ejército.
Jim y sus agentes no tienen otra opción que huir con el secuestrado
mientras los militares van tras ellos. El resultado es obvio. Gracias a
su entrenamiento, destreza y vehículos, los agentes de la DEA logran
escapar del ejército mexicano.

Uno de los agentes le dice a Jim que esta acción, prácticamente
delictiva, puede traer problemas entre los gobiernos, pero al agente
Jim no le importa nada; lo único que quiere saber es toda la verdad
acerca del asesinato de sus agentes Castillo y Lambada.

Cansados de oír discursos que no los llevan a nada, los agentes
de la DEA le aplican el mismo tratamiento que al piloto torturado. El
doctor, asustado, se niega a pronunciar palabra hasta que le mencio-
nan que fue su propia esposa la que habló del paciente que sufre de
gota. Lo amenazan con acusarlo de encubrimiento y de extraditarlo
junto con ella, lo que abriría la posibilidad de dejar solos a sus hijos. El
médico no tiene más remedio que confesar que los jefes son don Benito y Gonzalo Gallardo. Revela incluso la ubicación del rancho para
evitar problemas. Alega que él sólo cumple con su juramento de no
dejar morir a la gente y prestar sus servicios.

***

Gabriela también había hecho de las suyas. Al registrar la casa de
Damián en busca de alguna pista que le indicara el paradero de Ximena descubre publicidad de una empresa de mudanzas. Amenaza al
gerente con una pistola y obtiene el dato que necesita.

Para verificar si la dirección que el gerente le dio es la correcta, se acerca a la casa vestida de encuestadora. Toca y sale una de las escoltas, a la que le dice que necesita hacer una encuesta. La escolta la corre cerrándole la puerta en las narices. La mujer intenta regresar pero en esas ve que de una camioneta se bajan Ximena y sus dos hijos. Uno de ellos es el que ya todos conocen: Alejandro. El único hijo de Damián; un muchacho de unos 11 años. El otro, un pequeñito recién nacido, es la razón verdadera de su mudanza y desaparición. Y es que no hay nada que le duela más a una mujer que la hagan dudar de sus atributos como amante de su marido. Eso había logrado Damián cometiéndole a Ximena infidelidad tras infidelidad. Así es que Ximena, una sola noche, se venga con otra infidelidad y queda embarazada. Damián no se había dado cuenta porque pasaba mucho tiempo fuera de su casa. Ahora, tanto Ximena como el producto de su infidelidad estaban allí frente a Gabriela, quien sólo se preguntaba cómo le daría esa noticia a Damián. Cuando el hombre que escolta a Ximena entra a la casa con las compras del mercado, Gabriela sabe que es su oportunidad. Se les acerca y los amenaza, obligándolos a subir a la camioneta. Les dice que no les va a pasar nada pero que dé la orden de regresar la mudanza a su anterior casa. La rabia de Ximena superó la sorpresa cuando se dio cuenta de que la mujer que le hablaba era su peor enemiga. Ximena estaba celosa de Gabriela, la única mujer en un negocio de hombres. En un momento intentó tirarle un objeto a Gabriela y agredirla tomándola del pelo, pero hábilmente Gabriela la doblegó. Lo que sucedió después entre ellas dos nunca se supo.

***

Don Benito y sus socios abordaban un avión con destino a casa. Vestidos de civil y con mejor ánimo después de haber establecido contacto con Giuseppe, el italiano, para la distribución del nuevo producto, se acomodaron en las sillas del avión.

Damián regresa a su tema favorito. Imagina esa misma nave cargada de cocaína surcando el cielo bajo sus órdenes. No una vez sino varias, diez, veinte... debe comenzar pronto. La vida no da tregua.

—El mundo tiene que cambiar tío, ya verás...

Don Benito no le presta atención, por lo que Damián cambia el tercio e intenta pedirle un último favor.

—Habla con mi vieja... todavía no llego a mi rancho y ya estoy que me carga... La familia es lo más importante para mí.

—¿Sabes cuál es tu problema, Damián? Ese corazón tan grande que tienes, que alberga a toda una vecindad, cabrón.

—¿Eso quiere decir que no me vas a echar la mano?

—Quiere decir que yo te ayudo y te apoyo en lo económico, pero en lo sentimental no me meto. Un matrimonio es de dos y si se mete un tercero, sale con problemas. Y la neta, es lo que menos quiero.

51 El gran golpe

Cuando el avión aterriza los socios se despiden. Don Benito sale rumbo a su rancho y al entrar por la puerta de la casa se sorprende al encontrar a su hija en la sala con el novio. Don Benito lo mira mal, le pregunta que cuáles son sus intenciones con la niña y el muchacho no sabe qué decir. De repente escucha ruidos provenientes del segundo piso y pregunta por su otra hija, Angélica. Altagracia asegura nerviosa que no está pero don Benito, al escuchar ruidos de nuevo, desconfía y corre al segundo piso donde encuentra a su otra hija con el novio en una situación realmente incómoda.

—Ah, con que te estás cogiendo a mi hija... cabrón jijo de la chingada.

Don Benito saca la pistola, lo amenaza. Angélica se coloca enfrente como un escudo y enfrentándose a su padre le dice que si le mata al novio, tendrá que matarla también a ella. Don Benito guarda la pistola y saca al chico que apenas puede sostener sus pantalones. Corre a los dos rebeldes muchachos de la casa, llama a sus hijas al orden y les prohíbe tener novios. Altagracia le asegura a su padre que tener novio es lo más natural del mundo, sobre todo a su edad.

—Ah, pinche escuincla piruja recabrona. ¿Entonces también es lo más natural del mundo que un pinche bato tenga a tu hermana ensartada como pollo rostizado? ¡No mames! Bueno... no dudo que si me tardo un poco más, tú se la hubieras mamado al pianista.

Damián, por su parte, le pide a Traca Traca, quien ha ido a recogerlo al aeropuerto, que lo lleve a su casa. Confía en que para ese momento Gabriela ya debe haber dado con el paradero de Ximena y de su hijo. Si todo sale como él espera, hasta la lumbre estará encendida para calentar las tortillas.

—¿Y si no, patrón?

—Entonces me tocará bajar la cabeza, buscar a Ximenita hasta encontrarla y pedirle perdón por mis infidelidades. Es que mi esposa es una santa.

Llegando a la casa, Damián se lleva una sorpresa. Todo está en su lugar excepto que su esposa y Alejandro están amarrados y Gabriela come palomitas de maíz mientras le saca los gases al bebé al que ya le está dando una mamila.

La risa de Damián al ver a su fiera reducida, lo hizo olvidar la afrenta y se dispuso a desatarla. La emoción era tan grande que ni siquiera reparó en el bebé que Gabriela tenía en brazos.

—¡No era para tanto, Gaviota!

—No me dejaron otro camino, yo hago mi trabajo lo mejor que puedo.

Ximena forcejea y grita mientras Damián la desata. Está tan alterada que cuando se siente libre salta hacia Gabriela como un leopardo.

—¿Cómo te atreves a tocar a mi hijo, maldita?

—Ah, caray... ¿Y este chamaco quién es?

Damián, que repara por primera vez en el pequeño, no obtiene respuesta a su pregunta. Sólo atina a agarrarlo para que las dos mujeres puedan darse hasta con las cacerolas.

Los golpes que lanza Ximena no alcanzan a Gabriela, pero la fiera está en su apogeo y alguien tiene que pagar su enojo así que ahora los golpes terminan en el cuerpo de Damián. Es un desgraciado por mandarla a secuestrar de esa manera. Damián se defiende argumentando que no fue cosa suya. Ella jamás lo va a perdonar. Él promete no volverlo a hacer, le jura que de ahora en adelante se comportará

bien, pero Ximena se le lanza encima y a mitad de camino se desvane-
ce. Damián la sostiene y la lleva hasta la cama y Gabriela sale de ahí
dejando a la pareja resolviendo sus asuntos. Claro que antes de salir
desata a Alejandro, quien prefiere retirarse a su recámara sin hacer
mayor escándalo.

***

A esa hora, ya en la cama, don Benito conversa con su mujer, quien
trata de convencerlo de que las muchachas ya están en edad de casarse y de mantener relaciones normales con quienes hayan escogido.

—"Es-cogidas" es lo que ya están ese par de cabroncitas pirujas. Te
dije que no las mandáramos a estudiar al otro lado, mujer... Allá, los
pinches gringos no le tienen temor a Dios.

—Los tiempos cambian —argumenta la señora—, y nosotros ya estamos viejos. Ellas necesitan formar sus propios hogares porque no
les vamos a durar toda la vida.

Don Benito estira la mano para apagar la lamparita de la mesa de
noche.

***

Al mismo tiempo que don Benito apaga la lámpara de su mesa de
noche, Damián enciende la suya. Ximena ya se recuperó del desmayo
y Damián se dispone a interrogarla:

—¿Quién es el plebecito, Ximena? ¿De dónde lo sacaste? Hijo mío
no es porque tú y yo...

—No, Damián. Los dos sabemos que no es hijo tuyo.

—Entonces, ¿de quién chingaos es el chamaco?

Ximena calla.

***

Los soldados que rodean el rancho de don Benito avanzan siguiendo las indicaciones del coronel que dirige el operativo. El oficial levanta la mano para el avance de sus tropas. La luna escondida tras las
nubes negras ayuda a los hombres que sigilosamente cruzan la primera puerta y se aprestan a darle el gran golpe a don Benito. A lo lejos,

los perros ladran con fuerza, pero sus roncos quejidos de aviso son apagados en el acto por dardos cargados de un fuerte tranquilizante.

Gumersindo López Lencho avanzaba lentamente coordinando las líneas de comunicación del operativo. Era la gran prueba de este soldadito de plomo, próximo a titularse con honores, a subir de rango y a recibir todas las cosas por las que tanto había trabajado. Sabiendo que una gran responsabilidad recaía sobre sus hombros, Gumersindo se acercó sigilosamente a una ventana. Dio órdenes por señas para que dos de sus hombres lo cubrieran y los otros dos comenzaran a trabajar el acceso a la casa. Sus manos comunicaban las órdenes de su cerebro con soltura. Cuando escuchó un "clic", la ventana estaba abierta y el paso libre.

A partir de ese momento todo fue muy rápido. Ya adentro, Gumersindo seguía transmitiendo la ubicación y las condiciones del blanco. Con las manos sobre su pequeño computador, los ojos bien abiertos y los oídos listos para cualquier recepción extraña, Gumersindo avanzaba con la funda de la pistola desabrochada y sin seguro.

De pronto tiene al blanco frente a él. Le apunta pero se da cuenta de que don Benito está cargando una enorme Colt, y aunque Gumersindo pudo disparar primero, ni la suerte ni la puntería estaban esa noche de su lado.

52 : Nada, o muy poco por hacer

Todos sabían que no iba a ser fácil capturar a un hombre tan querido y venerado como don Benito. Si bien era cierto que la mayoría de los barones del narco tenía comprados pueblos completos con su supuesta generosidad, y que cuando aparecían las autoridades a todos estos beneficiarios no les quedaba otra que agarrar palos, piedras y herramientas de trabajo para enfrentarse a los uniformados bien armados, esta vez era muy diferente.

Un pelotón de soldados encapuchados escoltaba a don Benito hasta una camioneta blindada para llevarlo al cuartel militar más cercano, en el que estaban cayendo del cielo paracaidistas de esos que en el ejército llaman "lanceros". Las fuerzas armadas se preparaban para otra revolución.

Ya era poco lo que el ejército y la DEA querían que don Benito les informara, pero aun así le dieron una brutal golpiza. "Qué caro se pagan los errores", piensa don Benito. A pesar de que los militares que lo golpean son indios grandes y fornidos, el dolor más grande que tiene está en sus tobillos cubiertos de gota. Ese malestar fue la razón por la que el boricua infiltrado se coló en su vida como el amigo que tanto necesitaba, como el confesor que nunca había tenido, como el cómplice que a estas alturas de su triste existencia tanta falta le hacía.

No pasó mucho tiempo antes de que atraparan a Jesús Gonzalo Alarcón Gallardo, el Padrino. Se rumoreaba que don Benito no había aguantado la presión y que había delatado al Padrino, pero los que estaban metidos en el negocio sabían que eso no era cierto por dos razones. En primera, bien sabían todos que don Benito a esas alturas de la golpiza lo único que buscaba era morir, y la forma más honrosa, segura y certera de hacerlo era insultando al ejército y a los perros de la policía. En segunda, don Benito no había visto a Gonzalo Gallardo desde la aventura en el carro rojo, por lo que no era posible que supiera dónde estaba.

53 : Ensalada de narcos

Después del asesinato de los agentes de la DEA y la destrucción de los campos de marihuana, era predecible un cambio profundo en el orden de poder en el narcotráfico mexicano. Así se levantó Hipólito Bravo, el Colorado, para recoger y armar de nuevo los restos de una de las superestructuras de poder delictivo más grandes del mundo.

Ni siquiera habían alcanzado a imponer su ley en los penales de alta seguridad donde don Benito y Gonzalo Gallardo estaban presos, cuando el Colorado convocó a una reunión urgente a todas las partes desmembradas del cartel de Guadalajara. Ahí se dieron cita Salvador "el Chaparro" Contreras, Eduardo "el Rubio" Montero, los tres hermanos Alarcón: Isidro, Guadalupe y Simón con su segundo al cargo, Jaime Candamil, mejor conocido como "el Gigante" y por supuesto, Damián Torres "el Señor de los Cielos" con sus dos hermanos Dagoberto y Domingo.

—Señores, es claro que esos hijos de la chingada nos han dado dos golpes bien duros: no sólo a nuestra organización, sino a nuestras familias. A mis compadres, don Benito y Gonzalo Gallardo, tíos de ustedes, se los llevó la chingada. No quiero ponerme a pensar qué pasó o cómo vamos a sacarlos sin antes saber quién está de mi lado. Yo fui el único viejo que no cayó en manos de esos putos, así que lo quieran o no, yo soy el que parte el queso aquí.

Guadalupe, tan extrañado como la mayoría de los presentes, levantó la mano respetuosamente.

—Mira, Colorado, no veo por qué nos tengas que regañar si ninguno de nosotros ha hecho nada en contra de nadie ni ha puesto en tela de juicio tu autoridad. Bien sabemos que lo que tú digas va a ser apoyado por don Benito y mi tío Gonzalo, así que déjate de tanto regaño y dinos qué vamos a hacer.

El Colorado afirma con la cabeza lentamente. Medita... medita... Eso pone de puntas a todos los "narquitos".

—Bueno cabrones, tal vez Guadalupe tenga razón, pero no quiero que luego digan que yo muy chingón me trepé al trono sin ver si alguno de ustedes me lo quería pelear. Así que les voy a dejar en claro una cosa: esta fue su oportunidad de hablar o callar para siempre. De ahora en adelante el que se ponga pendejo se muere ¿entendido?

El silencio sepulcral que inundó el salón implicaba que estaban de acuerdo. El Colorado llama la atención de todos, les dice que hay que trasladar el guateque al tambo. Todos se quedan de una pieza, pero el Colorado de nuevo los tranquiliza.

—Tenemos una reunión ahora mismo con don Benito.

Y sin decir más, todos se trasladaron al reclusorio donde los esperaba don Benito.

Después de saludos efusivos se hizo un silencio que pareció eterno. El viejo abrió la boca para dar sus nuevas órdenes... Subdividió el cartel de Guadalajara en tres territorios. Por un lado, el cartel de Sinaloa bajo el mando de Salvador "el Chaparro" Contreras y Eduardo "el Rubio" Montero. Por el otro, el cartel de Tijuana bajo el mando de Isidro, Guadalupe, Simón y su segundo en mando, Jaime Candamil, "el Gigante". Por último, el de Guadalajara, donde harían frente Damián Torres "el Señor de los Cielos", sus hermanos Dagoberto y Domingo y el Colorado.

Luego soltó la bomba. El Colorado tenía a su cargo la más grande de las misiones: preparar a Damián para que fuera el heredero al trono. Cuando Damián esté listo será el único al que todos deberán rendir cuentas. Los sobrinos de Gonzalo Gallardo quisieron saber si su tío estaba de acuerdo con esta subdivisión. Don Benito sonrió y expresó:

—¿Cómo ven que a ese cabrón, a quien siempre le gustaba andarse exhibiendo en público, ahora ni siquiera quiere salir de su celda? Me dijo claramente que me encargara.

Así, con el acuerdo interno, se reanudaron las actividades con renovado ímpetu. Con el territorio mexicano dividido en tres grandes carteles, el Señor de los Cielos se hacía amo y señor del negocio al lado de su socio el Colorado.

—Voy a sacar a mi viejo de la cárcel, Colorado. ¿Me apoyas? ¿Te lavas las manos? ¿O me vas a mandar a chingar a mi madre?

—Eso está cabrón, Damián.

—No menos que cuando saqué a mi jefe del bote, cuando yo todavía era un culicagado, como diría Gabriela. Ahora tengo más años, más inteligencia y más huevos. ¿Cuento contigo o voy por mi cuenta?

El silencio del Colorado lo dijo todo. Damián no dijo mucho, sabía que no podía pedirles ayuda a los Alarcón porque inmediatamente iban a querer sacar a su tío Gonzalo Gallardo. A pesar de que el Señor de los Cielos le tenía ley a "don Gonza", lo primero era lo primero y lo primero era su tío Benito. Así que sólo lo habló con el Rubio y el Chaparro.

—Ta' cabrón Damián, pa' qué que es más que la verdad. Tendríamos que mover muchos hilos para salir bien librados y pues... Tú lo sabes, ahorita el agua no está para chocolate, ta' muy turbia —dijo el Chaparro tratando de dejar las cosas bien claras para que no se hicieran a lo pendejo.

—De todos modos, tú sabes que por don Benito, cuentas conmigo pa' lo que chingaos quieras.

El Rubio también veía las cosas color de hormiga:

—Sólo hay de dos sopas. Una, como dice el Chaparro, es mover hilos con los políticos y tiras que nos quedan para que nos den viada a la salida... La segunda, pues no hablar con ni madres, entrar por aire tirando plomo, bajar por el pinche viejo y salir lo más rápido posible. Y el que se quedó... se chingó.

Damián reflexionó sobre ambas opciones. Sabía que lo mejor que podía hacer era esperar a que se calmaran las aguas, pero quería demostrarles al ejército, a la policía, a la DEA, a los gobiernos de México y de Estados Unidos, que aun con sus cabecillas en la prisión, el cartel de Guadalajara estaba más fuerte y vivo que nunca.

Los tres que le debían todo lo que eran a don Benito, el Señor de los Cielos, el Chaparro y el Rubio, fueron armados hasta los dientes con un piloto suicida al que ya le habían pagado para asegurar a su familia porque era casi un hecho... no iban a volver.

El plan era simple; bueno, ni siquiera era un plan. Entrarían en un helicóptero ruso que el Rubio le compró a Venezuela. Lo aterrizarían en el patio, donde se iban a bajar a todos los policías que salieran. Luego, iban a entrar por don Benito, sacando además a todos los colegas que pudieran para armar la *trakamandaka*. Después, cuando tuvieran a don Benito en el "helicóctero", iba a "chingarse" una barda para que se pelaran los del otro bando. Y así... colorín colorado, don Benito y sus sobrinos la chisparon.

Con esta idea se embarcaron "los tres alegres compadres" y el piloto suicida.

54. Promesas son promesas

Desde el principio todo salió mal. No podrían haberse imaginado que los reos del penal escogerían precisamente esa noche para armar un motín. Así que cuando apareció el "helicóctero" de última generación partiendo las nubes sobre el penal, no faltó el preso pendejo que gritó: ¡Es un pájaro! ¡Es un avión!... ¡No! ¡Es el Señor de los Cielos! Pero no sólo los reos estaban pendientes. También habían mandado a traer dos helicópteros del ejército especialmente para la eventualidad. Se acercaron y apuntaron sus baterías sobre el "helicóctero" de los tres alegres compadres que tuvieron que salir más rápido que un rayo... Todo el plan se había perdido.

Una semana después, Damián tuvo que ir a ponerle su cara de pendejo a don Benito al mismo penal al que una semana antes había tratado de entrar por aire rafagueando tiros a diestra y siniestra... Ahora tuvo que hacer fila, dejar que le pusieran su manoseada y darle un dinero a la vigilancia para que no le armaran mucha bronca por todo lo que llevaba en dos bolsas del mercado. Nadie se podía imaginar que aquel hombre bien vestido y con sombrero de vaquero era el heredero del imperio de narcotráfico más grande en el mundo.

—Pos sí que están rependejos, tú, el Chaparro y el Rubio... De esos *weyes* lo creo, ¿pero de ti? Si me hubieras avisado yo hubiera controlado el desmadre de afuera y dejado el paso libre para la fuga.

—Pues sí tío, perdóname. Ahora ya sé que eso de los libros y la cultura no deja nada bueno. Pero no te apures, mañana mismo me pongo en chinga para...

Benito lo interrumpió relajado, negando con la cabeza y cerrando los ojos como si soñara algo muy bonito.

—No carnalito, déjame un ratito aquí. Neta que necesitaba un poco de tranquilidad... No sólo de los negocios tan pinches chuecos, sino también de mis hijitas cabronas y facilonas... mejor que se las chinguen sin que yo me dé cuenta. A la hora que salga, me convierto en feliz abuelo y a chingar a su madre.

—Pero tío, ¿cómo crees que te voy a dejar aquí?

—No, no me vas a dejar aquí. Tú vas a venir seguido a verme, vas a estar al pendiente que tenga harto trago, harta comida y hartas viejas y que ochenta batos me cuiden a toda hora... No quiero pedos, no quiero controlar el penal, no quiero gente pidiéndome favores, así que te pones a chingarle... Ahí yo te digo cuando me quiera ir. Y cuidado y la vuelvas a cagar porque ahora sí te madreo... ¿entendistes?

Damián se levantó siguiendo a don Benito quien lo abrazó con fuerza... Los dos se cuidaron de no chorrear al otro con lágrimas. A ambos les hacía mucha falta llorar... "Llorar a lágrima viva" como dice el poeta Oliverio Girondo... como lloran los hombres que viven y matan en todo momento.

—Ahí te encargo el changarro... Tal como quedamos cuando nos reunimos con el Colorado... —fue lo último que dijo don Benito.

Para aquel entonces Colombia también estaba en su máximo apogeo de producción y tenía que convertir la mercancía en dinero lo más pronto posible. Los negocios comenzaron a florecer de nuevo. De poco le había servido a la DEA y a las autoridades mexicanas haber atrapado a los dos capos más grandes del narcotráfico. Sólo habían ganado un poco de tiempo, que ahora perderían a pasos agigantados. Habían aparecido dos nuevos exponentes en el país del sur que ahora controlaban el negocio de los pies a la cabeza: el Cabo y Guadaña.

El primero, gatillero y el segundo, ni se diga. Además, se acababan de asociar con el Señor de los Cielos. De esta manera Damián Torres comenzó a convertirse en la fuerza y el rostro detrás del poder de los carteles mexicanos.

La cocaína colombiana inundó México por cielo, mar y tierra. Esa temporada de gloria produjo tantas ganancias que en algún momento se llegó a presumir que los carteles ganaban fácilmente cien millones de dólares a la semana, o más. Damián Torres, con el poder en la mano, se asoció ahora de lleno con los colombianos.

***

Ximena descubrió muy tarde por qué el Traca Traca había despachado a su chofer. No la estaba llevando a la casa de la Kikis Rojas Carrillo, donde chismeaba con todas las guacamayas narcovenenosas del Triángulo Dorado. Se puso tensa. El Traca Traca la quería y la respetaba, pero si el patrón Damián amanecía de malas pulgas con la idea de mandarla al otro mundo, su chofer era el gorila correcto.

—¿A dónde vamos Traca Traca?

—Es una sorpresa señora.

—¡Sorpresa mis huevos! Mira cabrón, más vale que me digas ahora mismo a dónde me llevas.

—No se me esponje doñita. ¿Pos a dónde la voy a llevar? Pos a un lugar que me dijo don Damián, nada más... No va a desconfiar de mí, ¿verdad?

—No pinche gorilita de peluche, de ti no. Del pendejo de Damián, a huevo.

—Relájese mi doña, ya llegamos.

El Traca Traca metió la camioneta en un hangar donde había un enorme objeto cubierto con una lona de los colores de la piel del tigre y un enorme moño rojo... Esa era la firma que dejaba Damián Torres y ahora también era el sello del enorme regalo para su esposa.

Ahí estaba el Señor de los Cielos, dándole las últimas instrucciones a Gabriela. Al ver la camioneta le hizo señas para que se fuera. Ximena no pudo contener la risa cuando la colombiana, dolida, se volteó y le mentó la madre con todas las de la ley mexicana al Señor de los Cielos.

Gabriela se acercó a un equipo de sonido que estaba en la esquina del hangar, lo encendió y se perdió. Lo mismo hizo el Traca Traca después de dejar a Ximena junto a Damián, quien la tomó de la mano y caminó junto a ella con pasos seguros y sonoros por el eco de la explanada.

—Hoy no quiero hablar de nada... Sólo quiero que sepas que te amo y que por ese amor no sólo lo acepto todo, sino también cumplo mis promesas...

—Damián, tú sabes que yo también te amo a pesar de todo.

—Por ti soy capaz de todo, mi amor. De matar... de preservar la vida... de honrarte como a una virgen, porque eres mi virgen. Eres la cadena que me mantiene firme en este mundo y no permite que vuele tras las locuras que se me agolpan en la cabeza. Eres mi guía... eres mi ancla... eres mi mujer. Te lo prometí cuando éramos niños y te lo estoy cumpliendo antes de que seamos viejos. Por favor vida mía... como cuando vas al baño: jala la cadena.

La enorme lona cae dejando a la vista un precioso avión 757 nuevecito, rotulado a lo largo con su nombre: XIMENA.

Ahora sí, Damián Torres era el Señor de los Cielos. Comenzaba a hacerse dueño de la tierra y del aire. El avión de Ximena fue el primero de una gran flotilla que fue comprando para su satisfacción y uso.

Se creó una reputación de bondadoso con narcolimosnas que fueron a parar a comunidades desprotegidas y a algunas iglesias. La gente comenzó a mirarlo como un Dios. ¿Cómo no lo iban a ver como un Dios si pasaba más tiempo en el cielo que en la tierra? Se compusieron muchos corridos en su honor que glorificaban su nombre. Hasta tal punto llegó la cosa que para un padre, sacarse la lotería, o que Damián se fijara en su hija, era casi lo mismo. Se lo peleaban para conseguir la simiente del benefactor. Los niños nacidos en la región

.llevaban su nombre. Tener alguna clase de contacto con él era un privilegio. Se construyeron monumentos, calles y parques en su honor.

Pero el destino, ese poder sobrenatural que se cree que guía la vida de los seres humanos, pero que en realidad es el pasatiempo con el que Dios juega a los dados, le tenía guardada una sorpresa a Damián: uno de los más grandes disgustos que viviría en esos años de gloria.

—Yo a ti te conozco pinchi guacho jijo de la chingada —fue lo primero que dijo Damián, esposado por cuatro soldados armados hasta los dientes, ante el general de división José María Romero Valdivia.

—Déjenme solo con el detenido.

—Pero, señor, las órdenes... —dijo el soldado de más alto rango.

—Silencio sargento. Haga lo que le digo o lo mando a encerrar tres días por desacato.

El sargento supo en el acto que de poco habían valido tantas muertes. El Señor de los Cielos muy pronto estaría libre de nuevo.

55 : Amigos de la infancia

No Damián, no me vas a enredar como cuando éramos niños, te voy a tener que mandar a la cárcel.

Damián estalla muy digno y moviendo los hombros tratando de liberarse para darle un golpe, como otros tantos que le dio a Romerito cuando eran niños.

—¿Quién te está pidiendo que no me mandes puto, soldadito jijo de su reputa madre? Yo voy a la cárcel porque ahí me paso unas vacaciones más chidas que en la rivera francesa o con las putas colombianas que andan con el Cabo y Guadaña. No seas pendejo. Es más, yo pura habas de ti y tu pinche rango de mierda.

—Bueno, cabrón, pero no te pongas así, yo solamente quería informarte...

—Pues ahora, ve, desentierra a tu papá e infórmale que nosotros lo matamos. ¿Cómo ves puto? ¿Así o más insulto para que te portes como hombrecito?

A pesar de todo, Romero Valdivia era un hombre de huevos y ni la amistad añeja ni el volver a ver a un hombre que fue como su hermano iban a permitir que lo siguieran humillando a él y al recuerdo de su padre. Así que le asestó al Señor de los Cielos un tremendo gancho de izquierda en la boca con el puño cerrado.

Desde el suelo, Damián siguió su discurso:

—Vaya puto, te tomó más de 30 años aprender a golpear como hombre. Ya veo que de algo han servido tanto pinches impuestos que pagamos para mantener un ejército de huevones hijos de la chingada.

—Ya basta Damián, si lo que estás tratando es de provocarme, no lo vas a conseguir...

—Pues ya lo sé joto, si tú siempre tuviste atole en las venas. ¿Qué digo atole...? Agua puerca del río de aguas negras que cruzaba el pueblo. Nunca tuviste el valor para defender lo que querías. Eras un miedoso, un cobarde por el que tenía que darme yo de madrazos con quien te estuviera haciendo llorar.

—Pues ni por todos esos recuerdos te voy a soltar.

—¡Otra vez! ¿Qué no entiendes que no quiero que me sueltes?

—Entonces ¿qué es lo que quieres?

—Quiero hacerte el hombre más rico y poderoso del mundo, Romerito.

Romero decidió responder a tal proposición con otro golpe y le recetó un tremendo rodillazo a Damián en la entrepierna que lo llevó de nuevo al piso. Pero ahora el Señor de los Cielos, entre muecas de dolor, reía, reía muy fuerte, se carcajeaba... Sabía que a pesar de todo, lo había logrado.

56 "El rock de la cárcel"

Damián entró a la cárcel como un verdadero héroe. Los presos sabían que el hecho de que un tipo tan poderoso como él estuviera allí no sólo traería cambios importantes, sino que un importante flujo de dinero se iba a mover por los pasillos. Sólo había que estar alerta para quedarse con un poco.

El Señor de los Cielos sabía que su casa era el penal completo y podía hacer lo que se le diera la gana. Para comenzar, su celda tenía el tamaño de diez celdas normales, con todas las comodidades: cocina, alfombra, cama enorme, televisión por cable, bar, baño con jacuzzi, teléfono, Internet y un catálogo de prepagos nacionales e internacionales en el que figuraban actrices y modelos listas para cualquier perversión que se le ocurriera al gran patrón del narcotráfico mexicano.

De momento, lo único que quería Damián era dormir. Tenía el sueño atrasado por varios años y le dijo a su hermano Dagoberto que no movería un dedo en una semana. Le dijo que no lo molestara con asuntos del negocio, que lo resolviera él solo y que si se lo llevaba todo a la chingada, ni pedo... Si la vida le había dado la oportunidad de dormir una semana completa, no había poder humano ni divino que le quitara ese gusto.

Damián soñó con tormentas, con barcos que luchaban contra un mar salvaje por mantenerse a flote. En uno de ellos, el Señor de los Cielos pensaba que no estaba hecho para lidiar con las mareas altas. El vaivén lo mareaba tremendamente, lo hacía perder el blanco y no lo dejaba pensar en la mejor solución para salir de ese infierno. El cielo, su cielo, estaba negro de nubes, dolido del llanto frío de un viento asesino como un machete que busca un cuello donde alojarse. Damián sudaba copiosamente, giraba la cabeza de un lado a otro con desesperación, hablaba en sueños, buscando la forma de no hundir-se, de no perderse, de mantenerse con vida. Hasta ahora mantenerse con vida le había resultado muy difícil, por eso su sueño más reciente estaba siempre allí taladrándole la sien... Y es que en el fondo él sabía que no era un sueño. Sabía que más bien era un recuerdo.

Aquella noche, cuando interrogó a su esposa preguntándole de quién era el niño, Ximena lo miró relajada y le dijo la verdad:

—El niño es mío... Obvio que no es tuyo porque hace mucho que no vienes a la casa a calentar las sábanas y mucho menos te has ocu-pado de calentar a tu mujer.

La primera reacción de Damián fue de enfurecimiento. Ese peque-ño de meses que estaba allí frente a él era el primer niño que Damián no veía con amor. Ese niño era la viva imagen de la traición.

—¿Cómo te atreves, pinche vieja puta? ¿Qué te he hecho para que me traiciones con el primer cabrón que te pasó por delante?

—¿Que qué me has hecho?

—Te he tratado como a una reina... Desde que eras mi novia, cuan-do los dos éramos unos plebecitos, no te ha faltado nada. Te hice mil promesas y toditas te las he cumplido.

—Me faltaste tú, Damián —se impuso Ximena sin alzar la voz, pero con un tono tan hiriente que era peor que un grito.

—Ximena, yo me la paso trabajando...

—Y cogiendo con todas las putas del pueblo... sin importar color, raza o edad. Y lo que es peor... a todas les haces un hijo.

—Es distinto.

—¿Por qué? ¿Porque eres hombre? Pues yo soy mujer y también tengo necesidad... necesidad de sentirme querida, de sentirme amada, pero sobre todo, necesidad de sentirme deseada.

—¿Qué vamos a hacer tú y yo, Ximena? Porque esta traición está canija.

—La pregunta es... ¿Qué vas a hacer tú? Yo me fui y tu guarra me trajo obligada.

—Yo mandé por ti porque eres mi vieja, con un demonio.

—Sólo que "tu vieja" ahora viene en paquete combo.

—¿Qué quieres hacer tú Ximena?

—Lo que te propongo es muy simple... Tú me has paseado a todas tus putas en la cara... Te conozco más hijos que amigos... A todos esos plebecitos les has dado tu apellido... Te he perdonado mil traiciones. ¿No me puedes perdonar tú una a mí?

—Está cabrón.

—¿Y crees que para mí ha sido fácil? No importa, Damián... Si eres incapaz de perdonar como te he perdonado yo, entonces déjame ir con todo y mis dos hijos.

Después de pensarlo por un momento, mientras le daba la vuelta al bebé, que había comenzado a llorar, Damián tomó una decisión.

—Lo único es que un chamaco no puede tener dos padres.

—Mi hijo sólo me tiene a mí.

—En eso te equivocas... Primero, a partir de hoy es nuestro hijo. El segundo varón y el primero en llevar mi nombre... Damián Eduardo. Y segundo, nos tiene a los dos... Ven para acá, chamaco... si hasta te pareces a mí, caray.

Luego de dejar a su familia en la casa, Damián salió a dar una vuelta por el pueblo. Como en pueblo chico, infierno grande, en menos tiempo de lo que canta un gallo, Damián ya sabía quien se había atrevido a poner los ojos en su mujer. Lo fue a buscar y lo sorprendió en medio de la noche. Lo sacó del catre tomándolo por las solapas. Sin dejarlo mediar palabra le dijo:

—Hay tres cosas que no perdona un narco chingón, cabrón: que le roben la merca, que lo traicionen y que se metan con su mujer. Hasta donde yo sé, le faltaste a dos de las reglas... por lo tanto, te voy a dar dos balazos.

A partir de ese momento nadie volvió a saber más del simpático del pueblo, Alberto Angulo. Nadie más volvió a preguntar por él. A partir de esa noche, Damián tuvo de nuevo a su familia consigo... su mujer y sus dos hijos. El mayorcito, Alejandro, y el pequeño de la casa, Damián Eduardo. Damián por su papá y Eduardo porque suena bonito el nombre acompañando a Damián.

Ahora el sueño es otro. En su mente se dibuja una vieja que lo llevaba en sus brazos, que lloraba con desesperación. La vieja se movía con dificultad. El filo de las rocas apenas contenido por la suela de unos huaraches parchados y cansados como sus piernas. Pero la vieja no se rendía. Tenía fuerza y energía para cargarlo y decirle palabras de amor, de aliento, de supervivencia. Damián, sin dejar de dormir, abrió los ojos por un instante y pudo ver a su madre.

El Señor de los Cielos soñó con todo su dinero, con la caleta de su casa en Sinaloa, que quedó tan grande que era muy difícil mantenerla en secreto y prefirió construir otra alberca sobre ella. No había pendejo invitado nuevo que no le preguntara.

—Oye, Damián, ¿y por qué dos albercas juntas?

—Porque debajo de una tengo a tu chingada madre enterrada.

—¿Y la otra?

—En la otra te voy a enterrar a ti como sigas preguntado mamada y media.

O aquella caleta que le pidió a Niño Malo que le construyera diciéndole una y otra vez: "es para que veas que te tengo confianza, niño feo". Pero en realidad, fue una forma de decirle al colombiano: "me da hueva ir por esos dólares, por ahí cómprame un jacalito, hazle un hoyito y mete ese cambio, porque a mí las moneditas me rompen las bolsas de los pantalones".

Niño Malo entendió perfectamente, así que sólo afirmó con la cabeza. Las cosas ya estaban demasiado calientes para buscarle más pelos al gato. Si el pinche indio azteca quería regalarle su dinero, ¡perfecto! Ni le compró la casa, ni le construyó la caleta y mucho menos le enterró el dinero que le debía.

En el negocio del narco, todos salen ganando.

Damián soñó que la Muerte venía por él, que se quería llevar su alma. Le decía que tenía que acabarlo antes de tiempo porque era un ser turbio, que era una amenaza para el Dios mismo. Damián tenía miedo y la muerte le ordenaba que se levantara y peleara por su vida, que diera la cara y vendiera caro el descenso. Pero Damián no se podía mover, estaba paralizado de miedo, de desesperación. Entonces una figura fuerte, ágil, oscura como una pantera negra apareció volando en el aire. Cayó al suelo rodando y se incorporó sobre dos piernas lista para pelear.

Ese indio de rostro afilado, pómulos altos y barba cortada estiró los brazos tratando de mantener a la muerte a raya. La parca rugió de tal manera que Damián sintió que la vida se le salía por la boca. El indio no tuvo miedo, recogió los brazos, pegó los codos a las costillas para evitar el castigo al cuerpo. Acercó los puños a su cara, se agachó para tener más ángulos y con ágiles movimientos de cintura buscó clavarle un gancho al hígado que dejara sin piernas a la parca para que no pudiera seguirlos nunca más.

Damián despertó a la semana. El bello durmiente se dio cuenta muy tarde de que el sueño perdido durante años de trabajo incansable no lo podría recuperar nunca. Se sentía más cansado y viejo que nunca.

Con Damián Torres en la cárcel, don Benito da una nueva orden desde otro penal: hasta que Damián salga, el cartel será controlado por sus hermanos Dagoberto y Domingo. Atemorizados por la enorme sombra del Señor de los Cielos sólo saben mantener en funcionamiento el negocio. No se arriesgan, no se enfrentan a nadie. Ambos saben que Damián se enfurecería si hacían algo diferente, y era mejor enfrentar a los tres hermanos Alarcón armados hasta los dientes, que enfrentarse a Damián.

Lo que sí creció en esa semana de encarcelamiento fue lo inevitable: la pasión, el amor dormido durante muchos años, los innumerables bailes de muerte que bailó con la mujer perfecta cada vez que tenían oportunidad de rociar plomo parejo y bonito. Un día en que Damián no podía dormir por estar pensando en nada, Gabriela se presentó en su celda. Al verla, Damián la agarró y como si se tratara de un compadre y no de una mujer, la apretó por la cintura y la levantó sacudiéndola.

—Pinche, Gaviota —le dijo —. No me digas que vienes a hacerme una visita conyugal.

—Vengo a darte las nalgas por mi propia voluntad, tal como me dijiste una vez —respondió ella.

Damián se quedó de una pieza.

—No me digas que eres gay y se te moja la canoa... Que andas con los más picudos de este penal...

—Puto no soy —le respondió Damián—, pero muy pendejo sí, porque tengo que decir que no.

Era un lujo que ninguno de los dos se podía permitir. Ya era tarde. Tarde para acostarse sin comprometerse, tarde para amarse, tarde para los dos. Gabriela sonrió y le dijo que quizás en otra vida. Damián también sonrió con esa sonrisa que ella conocía perfectamente. Acostumbrado a tener la última palabra, le dijo que en otra vida no la dejaría escapar.

—Eso sí... trata de conservar las pinches nalgotas, porque por esta vida y por la otra que nos espera, te juro que me las volverás a ofrecer.

Gabriela y Damián se dieron un abrazo, ahora sí de compadres, justo cuando pasó un guardia para decir que la visita se había acabado. Damián volvió a dormir.

Mientras Damián soñaba con tormentas y sus hermanos vivían la buena vida que otorga el dinero a manos llenas y el poder sin responsabilidad, crecía silenciosamente un nuevo cartel: el cartel del Golfo, a las órdenes de Juan Rivera "el Lechón" y el expolicía Macario Montenegro "el Águila". Ambos conocidos y amigos del pasado desde los tiempos de don Benito.

El chirrido de la puerta, alertó a Damián. Se incorporó en el acto con una Colt 45 en cada mano apuntando al recién llegado, quien levantó las manos y perdió el color de inmediato.

—Soy yo, Damián, toma tus chingaderas que nos largamos de este hoyo ahora mismo.

—Vaya, parece que te interesó mi oferta.

—Tampoco creas que eres la gran cosa. ¿A poco crees que yo llegué tan arriba para morirme de hambre? No seas pendejo, Torres, lo que sobra en este país son narcos.

—Sí, pero ninguno es tan poderoso como tu charro negro, aquí presente y en calzones porque la pijama me roza.

—Bueno, ya levántate que nos vamos... ¿Qué no ves que no tengo todo el día?

—Pues para mí, claro que lo tienes generalito de mis huevos. Ahora eres mi socio y me vas a tener que tratar con cariño porque ahí donde me ves, soy muy pinche sensible...

57 Cilantro y perejil

Tras haber sobornado a un gran número de autoridades, el general José María Romero Valdivia logró sacar de la cárcel a su amigo Damián.

—Tenemos que negociar de una vez las condiciones de nuestro trato Damián, tú eres un tracalero y no quiero sorpresitas.

—La única sorpresita que te vas a llevar es cuando veas tanto dinero que necesitarás dos vidas para gastarlo.

—Pero es que yo soy un general de abolengo y no puedo poner en riesgo mi reputación.

—No seas pendejo, Romerito, yo tampoco puedo poner en riesgo tu reputación. Precisamente es porque estás limpio que me sirves. Si cayera alguna duda, por más pequeña que fuera, sobre ti... ya te hubiera matado, nada más por el pinche gusto de no volver a verte.

—Ahora resulta que me vas a cuidar...

—No sólo te voy a cuidar, pendejo, te voy a convertir en el héroe que todo México espera.

—No mames Damián, eso es imposible...

—Claro que no, pendejo. Lo imposible es que pienses un poquito lo que estoy viendo. Mira, el tiro va a estar así: Yo te voy a poner a todos los cartelitos de juguete que me están estorbando y tú con tus pinches soldaditos, tanquecitos y mamadita y media, vas y les pones en su madre. Presentas a los chingones vivos ante las cámaras de televisión y luego los extraditas, no los quiero aquí a los hijos de puta. Quiero que se los des de comer a los leones de la DEA para que también se vayan calmando con los de este lado. ¿Me entiendes Méndez o te explico, Federico?

—Pues de entrada se oye bien bonito pero, ¿qué quieres a cambio?

—Pues casi nada, porque ya deberías saber que tengo casi todo. Quiero un hangar privado en el aeropuerto de la ciudad de México, que esté vigilado las 24 horas por tus guachos, a donde pueda llegar con mis pinches polvos mágicos a la hora que se me dé mi puta gana y de ahí mandarlos... ¿a dónde?

—Pues no sé, Damián.

—Pues a donde se me dé mi chingada gana también, Romerito. ¿Pos que no estás en la jugada? Tú siempre tragando pistola, desde morrito te gusta andar babeando con la boca abierta.

—Oye, por cierto, Damián, ¿cómo está Ximena...?

—¡Qué chingaos te importa!

De esta manera Romero Valdivia prestaba sus eficientes servicios para que los cargamentos de cocaína llegados a México por mar y por tierra en grandes tractomulas fletadas desde Panamá, y por aire en los aviones de Damián, pasaran a su destino final, Estados Unidos, sin ningún contratiempo. El general Romero Valdivia, tras su fachada de incorruptible y favorito de la DEA, escondía su oscura amistad y alianza con Damián Torres. El capo había hecho posible su ascenso vertiginoso proporcionándoles información de cargamentos de cocaína de otros carteles y ayudándoles a capturar narcos menores como Facundo Avilés, conocido como "el Mustang" o "el Compadre", quien logró notoriedad al ser acusado de ser uno de los principales lavadores de dinero de los hermanos Torres.

El Señor de los Cielos, gracias a su alianza con Romero Valdivia y a los contactos del Colorado con los carteles colombianos, se convirtió en un verdadero barón de las drogas. Se alió con todos y a todos les sirvió de intermediario. Tres años duraron esas alianzas en las que Damián no discriminó a nadie.

58 La guerra blanca

Los carteles colombianos libraban por entonces una lucha a muerte que los desangró y de la que Damián no tomaba partido porque su único fin era el negocio. Pero hubo un revés con el que no contaba Damián: Gabriela.

—Bueno ¡quihúbole, mi niño feo! ¿Cómo está todo por allá? Espero que no hayas despeinado a tus paisanos. Por acá nos vienen a contar que se están dando con todo.

—Y mientras, ustedes ganando y ganando, ¿verdad mexicanito pecuecudo?

—¿Pos pa' qué te digo que no, si sí? Nosotros no tenemos la culpa de que ustedes sean unos pinches rijosos que no se pueden poner de acuerdo. Pos no que ustedes muy pinches pensantes, muy pinches elegantes, muy educaditos que le hablan de "usted" a todos, con su tonito dulce...

—Bueno, basta ya Torres, no te llamé para que me dieras una clase de civismo. Me importa muy poco lo que pienses de nosotros.

—Ah bueno, es que como ustedes dicen que somos unos pinches asesinos jijos de la chingada y que nos comemos los corazones de nuestros muertitos como los aztecas, que Dios los tenga en su gloria, pues a mí se me hace muy raro que allá se estén matando con tanta saña...

—¡Ya coscorria, no seas tan igualado y pendejo, mexicanito!

—¡Chinga a tu madre! Pinche colombiano puto, la próxima vez que te vea te voy a meter tu pinche cuchillito por donde mejor te quepa y vas...

—¡Quiero que mandes a Gabriela de regreso en este mismo momento!

Damián se quedó mudo con las palabras de Niño Malo. Tenía ya bastante tiempo con Gabriela Garrido, su gaviota, con la que surcaba los aires. Le pertenecía. Damián sintió que le hervía la sangre. Frente a él tenía un verdadero reto que no se iba a resolver con puños o balas. Él había aceptado las reglas del juego y había empeñado su palabra. Ahora le tocaba pagar.

—No manches, Niño Malo, tampoco es para que te pongas así, si ya van como mil veces que te miento la madre.

—Damián, escúchame por una puta vez en tu vida. Necesito a Gabriela aquí. Esta guerra está muy jodida y han matado a casi todas mis personas de confianza. Esto nada tiene que ver con que me caigas mal. Tú sabes, la guerra poco a poco va mermando las fuerzas y hay que reemplazar a los bandidos caídos.

—Ah no, si de eso se trata, ahora mismo te mando un ejército completo de pelados norteños más malos que la carne de puerco y todos armados hasta los dientes. Te voy a mandar dos F14 llenos de puros jijos de la chingada.

—Damián, no son hombres ni armas lo que necesito. Es una persona de confianza que se mantenga despierta mientras yo duermo. Eso es lo que necesito ahora.

—Pues búscale otra manera, Niño Malo, porque no te voy a devolver a Gabriela.

—Mira mexicanito hijueputa, tú bien sabes que en este negocio lo único que no se perdona es que se toque el dinero y la mujer de algún compañero...

—Yo no he tocado a tu Gabriela, Niño Malo. Ella nunca ha sido mi mujer. Es mi guardaespaldas, mi amiga, mi confidente... nunca habla pero siempre escucha... es mi hombre de confianza en faldas. Es perfecta y primero me quitas un brazo que a ella.

—Eres más cobarde de lo que me imaginé, Damián. No sólo faltas a tu palabra, sino que lo haces ahora que bien sabes que no puedo ir a tu pinche país de mierda a matarte como el perro que eres.

—Nada de eso, Niño Malo. Yo estoy dispuesto a hacer cualquier cosa que me pidas con tal de no faltar a mi palabra y no devolverte a Gabriela.

—Piltrafa, pero si estás que te mueres de amor por ella, maldito perro...

—De nuevo te equivocas. Gabriela podrá estar muy buena y calentarle los huevos a cualquier hombre, no lo niego, pero ella representa lo poco bueno que aún me queda. Ella para mí es la amistad, la lealtad, la sencillez y no estoy dispuesto a enviarte todo eso hasta Colombia. Ella se queda aquí y búscale precio.

—Malparido... si no fuera porque no puedo salir de aquí...

—Ya estuvo jijo de tu puta madre. Tú no puedes salir pero yo sí puedo entrar, así que te propongo algo. Voy a salir ahora mismo para tu tierra que ni te creas que está tan chula. Voy a llevar dos pistolas de seis tiros sin cargadores extras. Voy a bajar del avión. Te voy a esperar y nos vamos a matar con doce tiros cada uno. El que quede de pie se queda con la Gabriela. ¿Te late, puto? ¿O te vas a abrir?

—No te tengo miedo...

—Pos yo a ti menos, *wey*. Lo que no le soporto ni a ti ni a tu chingada madre es que te hagas la víctima y desde ahí me llames cobarde. Tú eres el cobarde, no pongas pretextos. Igual te matan, igual te traicionan, igual te chingan aquí que allá. Ya deberías saber que el destino de todos está marcado y de ese, ni Dios padre te salva.

Ambos hombres se quedaron en silencio con el auricular en la mano, con la mirada clavada en la nada imaginando cada uno los ojos fieros del otro. Fue el colombiano quién habló primero.

—¿Estás dispuesto a pagar lo que sea por mi paisana?

—Gabriela ya dejó de tener patria, de tener tierra. Ahora lo que tiene aquí en México es familia, y esa familia... está dispuesta a pagarte a ti y a todo tu pinche cartelito de juguete trajes de charro rosas para que jueguen a los mariachis que tanto les gusta.

—Muy bien, quiero que le dejes de comprar mercancía a los pirobos con los que me estoy dando bala y con eso quedamos a mano.

—Eso es imposible...

—Nada es imposible cuando se trata de la familia.

—Con eso, tú ganarías inmediatamente la guerra.

—Exactamente.

—¿Ya viste quién es el puto? Me estás pidiendo que vaya a pelear tu guerra y la gane por ti.

—No por mí parcero, por tu familia. ¿Entonces?

59 : Vacas flacas, vacas gordas

La muerte del gran capo colombiano Pablo Escobar le dio un espaldarazo sin precedentes a Damián Torres y al poder que llegó a desarrollar dentro y fuera de las fronteras mexicanas. Llegó a exportar cuatro veces más cocaína que ningún otro narcotraficante. Damián nunca hizo ostentación pública de su poderío. Aunque fue muy discreto en su apariencia, su figura y su nombre, su leyenda comenzó a circular entre todos los narcotraficantes del planeta y en las oficinas del comando central de la DEA, con sede en Washington.

Al Chaparro y al Rubio, en su cartel de Sinaloa, se les une un nuevo integrante: Ezequiel Zapata, alias "el Chómpiras", a quien Isidro Alarcón acusaba de haberle robado una avioneta llena de cocaína en Sinaloa. Por ese motivo, él y sus hermanos, al mando del cartel de Tijuana, le habían puesto precio a su cabeza. En ese momento comenzaron las disputas territoriales y de poder entre los dos carteles amigos. Tijuana versus Sinaloa. Los Alarcón, socios del pasado que aún compartían plaza con el Chaparro, le piden ahora la cabeza del Chómpiras. Él se niega y comienza la guerra.

Isidro Alarcón ejecuta al hombre de confianza del Chaparro. Como era de esperar, el Chaparro reacciona desatando su rencor y sed de venganza. Cuando Damián se entera, cita a una cumbre de narcotraficantes a la que nunca asisten los Alarcón. Se produce entonces el gran estallido de lo que se venía cocinando, pues Damián ya tenía una guerra con Gonzalo Gallardo, tío de los hermanos Alarcón. La pelea estaba casada entre los Alarcón Gallardo y el resto de los narcotraficantes. Días más tarde los hermanos Alarcón enfrentaron al Chaparro y a sus hombres en el aeropuerto de Guadalajara con la intención de asesinarlo. La balacera fue enorme. Murieron por lo menos siete personas, cinco de ellas ajenas al conflicto y dos escoltas del Chaparro, pero la víctima que desataría la furia de las autoridades y la sociedad mexicana fue un sacerdote.

El sacerdote había estacionado su carro Grand Marquis, de color y características similares a uno del Chaparro, y Guadalupe e Isidro Alarcón, percatándose de la presencia del coche y confundidos por la coincidencia, se dirigieron con sus armas AR-15 y AK-47 por los dos costados y asesinaron al sacerdote y a su chofer que intentaba bajarse en ese momento. El Chaparro presenció la escena, se tiró al piso y desapareció por el edificio del aeropuerto.

Damián, ya muy tarde, miraba por la ventana cómo se estacionaba la camioneta de Romerito y sus escoltas. El general venía de muy mal humor y regañó a sus hombres antes de desabrocharse la corbata y entrar a la casa. Cerró la puerta de un fuerte portazo y se dirigió directamente al bar para servirse un enorme vaso de whisky y terminarlo de un solo trago.

—¿Quién te hizo enojar, general? ¿No me digas que viniste por mí para que le vayamos a dar en su madre como cuando éramos chamacos?

—Te voy a pedir, que sólo por hoy, no me digas mamadas.

—Eso dices siempre y luego estás cagándote de la risa.

—Damián, tenemos que entregar al Chaparro lo más pronto posible o se nos va a caer el teatrito.

—Qué teatrito ni qué la chingada. Ese *wey* es de mis hombres y aquí nadie me dice qué hacer con ellos. Hasta que yo no decida si lo entrego, lo mato o se lo meto en el hocico a un burro, ese pinche sotaco cabrón puede seguir viviendo su vida.

—Conmigo no te hagas el patrón bondadoso Damián. Los zapatos de tu tío Benito siempre te van a quedar grandes. ¿Sabes por qué? Porque a diferencia de él, que era una buena persona y esa bondad era sincera, tú no eres más que una pinche pantalla, una veleta que sólo gira hacia donde más le conviene.

—Soy más inteligente que mi tío...

—No, cabrón, eres más culero, que es diferente. Sólo te digo que vas a recibir lo mismo que das. Si piensas que algún día alguien va a sacar una pistola para defenderte, más vale que tengas la cartera a la mano, porque si no es por el dinero, lo único que harán es escupir tu cadáver.

—Como sea, el caso es que no voy a entregar al pinche Chaparro, aunque ya me tenga hasta la madre con sus pendejadas y sus complejos, porque eso es lo que tiene ese *wey*. Como está enano, a huevo quiere mostrar que lo que le falta de estatura le sobra de huevos. Lo malo es que nadie tiene la menor duda de eso, pero que siga demostrándolo ya me tiene cansado.

—Pues ahí tienes...

—Sí, ya lo sé, no te quieras pasar de listo pensando que me diste el camino a seguir Romero, no seas pendejo. El primero que puso tu pinche ardilla a girar fui yo. Ya sé que si ahora te entrego al Chaparro me voy a quitar de muchas broncas.

—Entonces, ¿qué chingados estás esperando? Dicen allá arriba que eres tú o él: alguien tiene que pagar la muerte del prelado.

—¿De qué?

—Del pinche curita culero.

—Ah, pues habla en español, pendejo.

—Pues ya te dije.

—Eso es lo que me campanea en los huevos, pinche Chema, que esos *weyes* de arriba me quieran venir a decir cómo manejar mi negocio. Si yo les pago todo lo que me piden qué chingaos les importa lo que yo haga. ¡Ni madres! A Damián Torres, ni el presidente de este país le dice lo que tiene que hacer. Así que corre, ve y dile que el Señor de los Cielos sólo recibe ordenes de sus merititos huevos.

—Pues no, Damián, ahora sí que no voy a dejar que te salgas con la tuya. ¿Sabes por qué? Porque no voy a permitir que te lleve la chingada por un ojete que no vale la pena como ese pinche Chaparro. O me das tu permiso para agarrarlo o me vas a tener que matar a mí también, así de claro.

Damián aprieta los puños, le tiemblan de tanto coraje contenido, pero ese coraje no es por Romerito. Muy dentro de su alma turbia Damián sabe que lo aprecia y le agradece todo lo que ha hecho por él en la vida tan jodida que les tocó vivir a ambos. El coraje es con él mismo. El Chaparro no le caía bien pero lo entendía perfectamente. La verdad es que no quería mandarlo a la cárcel porque también sabía que no iba a poder hacer mucho por ayudarlo y eso le iba a pesar a su fama.

Damián descarga toda la fuerza de su puño contra la mesa. José María no se mueve ni un centímetro. Sabía perfectamente que estaba haciendo lo mejor para los dos y estaba dispuesto a cumplir su advertencia aunque le costara la vida. Damián se aleja lentamente, mirando al techo, escarbando sus oídos con el dedo meñique para limpiar una cerilla inexistente, esperando escuchar algo o sentir el tono agudo en su nuca, pero no apareció nada. No era buena señal, de hecho. Tenía tiempo que no había buenas señales. Fue entonces cuando se acercó muy lentamente al teléfono. Lo levantó y marcó un número con toda calma.

—¿Rubio? Sí, soy yo... no te hagas pendejo. Dile a ese cabrón que le mando a decir que no se mueva de donde está. Sí, así... claramente. Ya me estoy ocupando del asunto.

Colgó con toda calma. Apuntó de nuevo sus baterías al general José María Romero Valdivia y le dijo:

—Ve y dale caza a ese maldito animal ponzoñoso.

Pocos días después del encuentro entre los dos amigos de Badi-raguato, atraparon al Chaparro en territorio guatemalteco. Un joven teniente guatemalteco, quien se dio el lujo de golpear y maltratar a uno de los narcotraficantes más sanguinarios de México, se lo entrega en Chiapas al general Romero Valdivia.

—Ni aguanta nada el bato este —fue lo único que dijo el teniente cuando entregó al Chaparro atado de pies y manos, con la cabeza cubierta por un áspero saco de mecate y temblando de miedo.

El Chaparro sabía que a nadie le convenía que llegara vivo a declarar antes las autoridades. No huía por miedo a perder su libertad, lo hacía por miedo a perder la vida.

Por su parte el Rubio, socio incondicional del Chaparro, tras sobrevivir a un accidente aéreo, se refugia con unos campesinos. Lo primero que hace es reportarse; le informa a Damián Torres de su paradero y éste, a su vez, informa al general para que haga su tarea. El Rubio también termina tras las rejas. El cartel de Sinaloa, encabezado por el Rubio y el Chaparro, responsables de los hechos que desataron la persecución, la furia de la sociedad mexicana y la ira de las autoridades, termina en prisión. La fama del general se dispara. Damián retorna a sus quehaceres y todo vuelve a la normalidad. Se aplaza la venganza contra los Alarcón.

Aumenta la fama del general como verdugo de narcotraficantes y se afianza en su gremio. Damián Torres exige sus contraprestaciones y el general enfila sus baterías contra el cartel de los hermanos Alarcón.

Los más beneficiados de la confrontación entre los Alarcón y el Chaparro y el Rubio Montero fueron, por un lado el general, cada vez condecorado con más medallas por su lucha contra el narcotráfico, y por el otro, Damián como dueño absoluto tanto de su cartel, como del de Sinaloa. El Chómpiras, motivo de la discordia entre las dos organizaciones mafiosas, pasa a las filas del cartel del Señor de los Cielos.

Seis meses después del atentado contra el Chaparro, Guadalupe y sus sicarios del cartel de Tijuana intentan asesinar a Damián, quien se encontraba en compañía de su familia, Gabriela y el Colorado en un restaurante de la ciudad de México. Pero esa tarde no le tocaba a Damián. Fueron muchos los factores que le ayudaron a salvar la vida y la de sus seres cercanos. El más importante y el que había cultivado durante muchos años había sido su máxima: "Nunca des la cara en público. Mata a toda la gente que te haga propaganda o se haga propaganda contigo".

Esa fue una norma que sacó en cuenta Damián desde que trabajaba en el pueblo de Ojinaga con el Escorpión, que a pesar de ser un hombre muy valiente y poderoso era también fanfarrón y presumido, y esa fue su ruina. Él mismo se puso en el ojo del huracán cuando le dio una entrevista a un importante reportero estadounidense. La extraordinaria calidad del reportaje le valió ser finalista del prestigioso Premio Pulitzer, lo que llamó la atención del gobierno de Washington, del FBI, de la DEA y del gobierno mexicano. A Damián Torres, temeroso del alcance y el peligro del Escorpión, no le quedó de otra que cazarlo en un perdido pueblo entre la frontera de México y Estados Unidos y darle muerte. En este negocio, a la postre, nadie es amigo de nadie.

Por eso Damián se mantenía siempre bien cubierto y no confiaba en nadie. Eran pocas las fotografías en las que figuraba su rostro y en ninguna de ellas se podía saber con seguridad si esa cara de cuatrero del viejo oeste, tostada por el sol y con expresión dura como la de Clint Eastwood, era la del Señor de los Cielos. Por eso, cuando los sicarios salieron del restaurante, no tenían la certeza de que Damián Torres estuviera muerto.

La confirmación de Guadalupe vino con un repiquetear de su teléfono.

—Bueno —contestó Guadalupe molesto.

—Quihúbole jijo de tu puta madre.

—¿Damián? ¿Eres tú? ¿Estás vivo?

—No pendejazo, soy un espíritu. Te hablo para decirte que esta noche no voy a ir a jalarte las patas, te voy a jalar el pito para cortártelo, pinche cobarde culero.

—Tuviste suerte, Damián...

—No cabrón, yo no tengo suerte... Tú eres muy pendejo. Eres muy puto para cobrarme la cuenta tú solo y eres bien pendejo para contratar asesinos. Pero no te apures, que al rato te voy a mandar a los míos, ahí les pides la tarjeta. Son rebuenos.

—Te voy a matar ojete, así sea lo último que haga en este mundo. Te lo juro...

—Y, ¿por quién me lo juras? ¿Por tus pinches hermanitos jotitos que se van a morir primero que tú? ¿O por tu jefecita que me cae rebien y lo único malo que hizo fue parir culeros hocicones y con pocos huevos?

—Te lo juro por mis hijos, cabrón...

—No, pos no jures por ellos que esa prole va a ser la primera que va a pasar a chingar a su madre. Quiero que veas sus cuerpos tiesos, que te bebas su sangre y sientas que el único culpable de todo eso eres tú... ¿Y sabes por qué, jijo de la chingada? Sencillo. Porque fallaste. No me mataste. Perdiste tu oportunidad y lo vas a pagar muy caro... Adiós, pendejo.

—¡Damián! ¡Contéstame! Te juro que si tocas a mi familia, ¡te mato!

Cubierto por el Colorado y sus guardaespaldas, Damián había huido junto con su familia por la parte trasera del lugar mientras que sus dos mejores hombres, por llamar de algún modo a Gabriela y al Traca Traca, se enfrentaron con los sicarios.

El ataque de los Alarcón no cesaba. Infiltraron a un hombre de su confianza para enamorar a la esposa del Rubio. La secuestró y la obligó a sacar varios millones de dólares de las arcas de su esposo. Luego secuestró a sus hijos, a quienes mató arrojándolos desde un puente. Finalmente ejecutó a la mujer, decapitándola y enviándole la cabeza al Rubio hasta el mismo centro de detención. El mensaje estaba claro.

El Rubio juró vengarse. Apoyado por Damián y herido en su orgullo después del atentado, secuestra y asesina de igual forma a los hijos del agresor. Sobre los cuerpos de los hijos de Guadalupe había una nota del Rubio: "Ojo por ojo, diente por diente. No sólo por mi mujer y mis hijos... sino también porque la palabra de mi compadre, el Señor de los Cielos, es sagrada. Él te lo dijo. Él lo cumplió. Tus hijos te esperarán en el infierno".

Guadalupe, chillando de coraje, hizo mierda el papel como deseaba hacer con el Rubio y Damián y dolido repitió la sentencia que este último le había hecho.

—No, pos no jures por ellos que esa prole va a ser la primera que va a pasar a chingar a su madre. Quiero que veas sus cuerpos tiesos, que te bebas su sangre y sientas que el único culpable de todo eso eres tú... ¿Y sabes por qué, jijo de la chingada? Sencillo. Porque fallaste. No me mataste. Perdiste tu oportunidad y lo vas a pagar muy caro... Adiós, pendejo.

60 : A los madrazos

Después de la lucha de los carteles colombianos, Damián Torres se dedicaba de tiempo completo a descargar aviones 727 con enormes cantidades de cocaína que enviaban desde el sur. El Cabo y Guadaña, los nuevos traficantes colombianos, sobrevivientes de la guerra desatada entre carteles, enviaban la droga hasta lo más alto del continente. Sus ciudades favoritas eran Los Ángeles, Chicago, Houston y la Gran Manzana. En un abrir y cerrar de ojos, Damián Torres montaba redes de distribución en las propias calles de Estados Unidos.

Damián cumplió lo que le prometió a Pablo Escobar, al Niño Malo y a toda su camarilla. Todos se habían burlado de él, ninguno le creyó, pero algo tan clavado en la mente del Señor de los Cielos no se quedaría a la deriva. Si Damián Torres había dicho que un día aterrizaría un avión lleno de cocaína en la Gran Manzana, así sería y así fue.

El desembarco se realizó en el aeropuerto de La Guardia, en el hangar número 8. El contenido del vuelo: leche en polvo enviada por el ejército mexicano con destino a Bosnia para alimentar a las fuerzas de los cascos azules de la O.N.U.

—¿Qué? ¿Qué chingaos son los cascos azules? Suena como a condones caros con estrías para mayor placer de la mujer —gritó el Colorado mientras Damián le explicaba el plan.

—Tú no digas papá soy feo... que al rato te compones. Colorado, mira cómo está el pedo: allá por Rusia, o sea bien pinche lejos, están en guerra. Hay unos putos que son de todos los países y son bien buenos y no sé que tanta madre... Entonces, pues tienen que comer, así que les vamos a mandar leche en polvo para que mamen.

—¿Y eso qué tiene que ver con nosotros, puto?

—Pues que el avión que va a aterrizar en el hangar del ejército mexicano en Nueva York va a ir cargado de coca. Ahí la bajamos y lo cargamos de leche ¿Cómo ves? ¿Así o te guiso un huevo?

Así que lo primero que hizo Torres cuando el avión pisó la ciudad más impresionante del mundo fue llamar a Niño Malo porque Pablo ya andaba en la tumba.

—Te dije cabrón... Yo voy a ser el primero que va a aterrizar un avión en la Gran Manzana.

—Hablas tantas pendejadas como todos tus paisanos.

—Pendejadas mis huevos. Aquí merito estoy. ¿Y sabes qué voy a hacer en este preciso momento? Voy a pasear tu coca por la quinta avenida. ¿A poco no soy tu héroe?

Niño Malo no dijo nada, pero Damián sabía que del otro lado de la línea Niño Malo sonreía.

Simultáneamente los Alarcón hacían lo mismo desde el estado de Chiapas. Inundaban de cocaína Baja California enviándola en su propia flotilla de aviones que aterrizaban en pistas clandestinas. Los Alarcón se hacían también poderosos en el área de Tijuana.

La corrupción en México alcanzaba todos los niveles, resultado del contubernio e impunidad manejados por todos los narcotraficantes, principalmente Damián Torres y el cartel de los Alarcón. Las autoridades, alarmadas por las noticias que inundaban los medios de todo el país, reaccionaron y arrestaron a Juan Rivera "el Lechón", jefe del cartel del Golfo. Lo extraditaron inmediatamente por tener doble ciudadanía y haber nacido en Estados Unidos, en un pueblo cercano a la frontera con México.

El mando del cartel del Golfo fue asumido por Macario Montenegro "el Águila", junto con sus tres hombres de confianza: Lucas Quintanilla "R1", Cristóbal Quiñones "R15" y Richard del Campo "la Muerte". Todos provenientes de Nuevo Laredo de condiciones de extrema pobreza, lo que desarrollaría una fuerte amistad y sentido de solidaridad entre ellos. El cartel del Golfo queda en manos ahora de una cuarteta aparentemente indivisible.

Al otro lado del país, Damián continúa los enfrentamientos con los Alarcón y sus operaciones se extienden de norte a sur del territorio. El Chómpiras es el encargado de la logística en Culiacán. Dagoberto y su hermano Domingo se encargan de recibir la cocaína y pasarla a territorio estadounidense desde Ciudad Juárez. El Traca Traca, ascendido después del atentado, maneja la droga desde Cancún, y Damián Torres el Señor de los Cielos, coordina los despachos de cocaína desde el territorio colombiano hasta el suelo norteamericano. Para manejar el cauce incontrolable de dinero que llega por todas partes, Damián contrata a un narco en ascenso, experto lavador de dinero, llamado Juan Manuel Sánchez. Los hermanos Alarcón hacen lo mismo con el cartel de Tijuana; perfeccionan su estructura, se extienden, se organizan y se adueñan de todo el tráfico fronterizo de droga desde la ciudad de Tijuana.

A todas estas, el general Romero Valdivia, por orden de Damián, actúa en contra del cartel de los Alarcón y arresta a varios de sus colaboradores.

61 : Cae la primera águila real

Asume el mando un nuevo presidente, y con él, la necesidad imperiosa de acabar con la corrupción y los carteles de la droga. El primero en caer en desgracia fue el más apreciado por sus logros, el más aplaudido por haber arrestado narcotraficantes del cartel de los hermanos Alarcón y otros de menor escala, el más ascendido, el mejor. El general José María Romero Valdivia cae en medio de un escándalo que hizo palidecer y temblar la cúpula de los mandos militares al confirmar que desde sus entrañas alimentaban al traidor. Su caída fue el resultado de una combinación de inteligencia de la DEA, el ejército mexicano y los soplones que se movían por una buena lana con los hermanos Alarcón.

—Vamos tirando netas, como dicen los chilangos —le dijo el Tripa al general Fernández, que ya traía entre ceja y ceja a Romero Valdivia.

Entre perros se conoce la rabia, y Fernández sabía que Romero Valdivia ocultaba algo y bien grande. El Tripa era famoso no sólo por correr los mejores pitazos del mundo del narco, además se daba el lujo de tener una página de Internet donde hablaba sin pelos en la lengua de quién mató a quién, de quién se cogió a quién... de quién es el hijo que el cornudo mantuvo toda la vida sin saber. En fin, era ensordecedor, como decían sus propios colegas.

—¿En qué estábamos mi general? Ah sí, nos íbamos a tirar netas.

—Mira Tripa, el hecho de que te haya recibido en mi despacho y no te haya encerrado para darte una buena calentadita no implica que me voy a tener que soplar tus poses de actor de telenovela latina, ¿entiendes? Así que comienza a cantar o te mando de regreso de un patadón en el culo a Tijuana para que les limpies el agujero a los Alarcón.

—Mire mi general, yo lo voy a respetar hasta donde usted deje de pasarse de verga. Yo estoy aquí porque usted tiene un pacto y un negocio que cuidar, así que si no le gusta mi carota, lo siento... Sólo le digo una cosa, de aquí me largo a Chicago a soltarle la sopa a la DEA. No sólo me van a dar unos dolaritos sino que me van a deber el favor. Y con esa información, ¿sabe qué?, van a hacer un pinche desmadrote en su jeta y se van a chingar al bueno... Todo porque yo le caí gordo, qué digo gordo... le caí en la punta de los huevos. Pues... ni pedo.

—Muy bien, pinche Tripa jodido. No te pongo en tu madre porque sentiría como que le estoy dando de patadas a un perro... Así que o muerdes y te vas de aquí de pinche rajón con los gringos, o me sueltas la sopa. ¡Órale pinche chilango de mierda!

Ahí fue donde el Tripa se dio cuenta de que era mucho riesgo. A los Alarcón no les iba a parecer bien que volviera el chilanguito con su carota de pendejo diciendo: "Ay, perdón, no le dije nada al general porque es un ojete". Sin decir más, sacó una serie de documentos y se los dio al general.

—¿Y esto, qué chingaos es?

—¿Pues es que no ve mi general? Son los documentos que prueban que el departamento de lujo en el que vive el general José María Romero Valdivia lo paga ni más ni menos que... Damián Torres... el Señor de los Cielos.

La mirada de Fernández fue indescriptible. Revisó la autenticidad de los papeles con todo cuidado: no había duda, eso era suficiente para acabar con la brillante carrera de Romero Valdivia y enviarlo a la cárcel por muchos años. Con este golpe la sociedad entera dejaría de confiar en los héroes, especialmente en los héroes militares. Levantó el teléfono. El tripa se levantó y le colgó el aparato. Fernández ardió de coraje y se levantó a enfrentar al Tripa.

—Antes, mi general, vamos a dejar bien claro una cosa... Mis jefes, los Alarcón, quieren que les prometa que no sólo van a cesar los ataques contra ellos, sino que de ahora en adelante todas las fuerzas del ejército se van a concentrar en el cartel de Damián Torres. ¿Qué dice, general? ¿Tengo su palabra?

El general tenía que tomar una decisión. Pensó rápidamente. Pasaban muchas ideas por su cabeza. Ese departamento pagado por Damián Torres era sólo la punta del iceberg. La pregunta era: ¿Qué era peor, que metieran en la cárcel al general por muchos años o traicionar al Señor de los Cielos? Sólo había una opción y así fue como el máximo representante de la lucha antidrogas, después de cuarenta años en el ejército, pasó a dormir tras las rejas. El hombre que con su esfuerzo y trabajo pasó de ser un niño campesino descalzo a obtener el máximo grado militar, el mismo que recibió una placa de Estados Unidos por su lucha contra el terrible flagelo de la sociedad, el general José María Romero Valdivia, ahora habitaba una celda en una prisión de alta seguridad acusado de ayudar a su amigo Damián Torres a crear su imperio y eliminar a sus máximos rivales, los hermanos Alarcón.

Con los ojos de todas las fuerzas del orden puestos en él, la solicitud de extradición a Estados Unidos, una recompensa de varios millones de dólares ofrecidos por la DEA por su captura, y como uno de los hombres más buscados por el FBI, Damián Torres decide refugiarse en Chile. Esta vez Gabriela "la Gaviota" Garrido no viaja con su jefe. Fue la primera y la última vez que Damián Torres vio llorar a Gabriela.

—Ya mi Gaviotita, no seas tan pinche mamona. ¿Cómo que te me vas a poner a chillar como vieja ahora?

—No sé por qué me dejas mexicanito, ni por qué peleaste tanto contra Niño Malo. Por qué le diste tanto por mí, si ahora me dejas como si fuera un trapo viejo y te llevas a ese que parece fuerte y malo, pero es más flojo que los delicaditos pintados que se pasean por la plaza de tu pueblo a medianoche.

—No digas eso del Tuercas. El hecho de que no le haya tocado cruzar plomo no te da derecho de que lo insultes.

—Yo nada más digo lo que veo, parcero, y ese no me da confianza... Te mira de una forma muy extraña. No me dejes Damián, no seas idiota... te lo suplico.

—Esta vez no puedo llevarte, Gaviota.

—Entonces, ten las suficientes pelotas para decirme por qué.

—Gabriela, te voy a contar un secreto, algo que nunca le he dicho a nadie. No porque crean que estoy loco... eso ya lo tienen de cierto todos, sino porque es mío. Me lo dejó mi mamá para que me cuidara y ella cambió su vida para que lo tuviera yo.

—¿Es como una medallita de la virgen?

—No mames... es algo mucho más grande. Mi madre me dio dos águilas. Aparecen siempre que las necesito y me dicen cómo salir de los peligros, cuándo matar, cuándo dejar con vida, cuándo negociar, cuándo retirarme de la mesa.

Gabriela mira a Damián asombrada. En las extrañas palabras de su jefe ve cuánto la necesita y sufre aún más por no poder seguir a su lado.

—Primero, escucho un alarido agudo que me golpea la nuca. Luego miro al cielo y aparecen. Nunca me han dejado solo y nunca se han equivocado. Hace unos días me dijeron que la muerte está a mis espaldas y está a punto de alcanzarme. No quiero que se lleve tus preciosas nalgas también, no me lo perdonaría.

—Damián, es que ese es precisamente mi trabajo, cuidarte. Si tienes ese presentimiento, razón de más para que me cuelgue dos pistolas más y vaya contigo. ¿Que no ves que somos amigos y no me puedes dejar aquí?

—No, Gaviota, es que no te dejo aquí. Te vas a tu tierra. Esa avioneta que está allá es tuya, al igual que esta cuenta que te puse en las

Islas Caimán. Quiero que vuelvas a tu "tierrita" y vivas lo que yo no puedo vivir y sobre todo... que aprendas lo que yo no pude aprender. Es el último favor que te voy a pedir. Así que deja tus "machorradas" y sé la mujer más bella de Colombia. Quiero pensarte como nunca te he visto, bailando...

—Hemos bailado muchas veces tú y yo.

—Hemos bailado danzas de la muerte y no es lo que quiero para ti... Quiero pensarte bailando vallenato en las playas de Cartagena, con un vestido muy corto, junto a alguien que valga la pena y esté dispuesto a amarte siempre. Quiero pensarte surcando el cielo libre, mi Gaviota, quiero que tú seas también... la mujer de los cielos.

Gabriela no aguantó más. Se abrazó con fuerza a Damián como si no fuera a soltarlo nunca... Luego, haciendo acopio de todas sus fuerzas, lo soltó y corrió hacia los recuerdos de su infancia. No tomó el avión que Damián le regaló, pero sí tomó un vuelo y se perdió para siempre en un pequeño pueblo tranquilo de Colombia. También sobre ella se han escrito narcocorridos mexicanos. Unos piensan que vive feliz junto a un buen hombre para quien inventó una vida. Otros creen que se quedó sola esperando lo que no llegó nunca, el amor del Señor de los Cielos, el único hombre que le importó en la vida, ese hombre de quien se enamoró por ser igual que ella. Los que conocen la historia aseguran que Niño Malo fue a cobrarle la factura. Gabriela Garrido, para muchos, pagó con su vida el haberse enamorado del hombre equivocado.

62 Si muero lejos de ti

El Señor de los Cielos estaba muerto.

Si bien la mayoría de las personas que acudieron al velorio fueron a rendir sus respetos, también desfiló un sinfín de enemigos que fueron a comprobar con sus propios ojos que el gran Señor de los Cielos había muerto. Así fue como se paseaba cuidadosamente Guadalupe Alarcón, quien no podía creer que fuera verdad que por fin su odiado enemigo se hubiera descontado él solo. Tanto corretearlo por mar y tierra, tanto vivir escondido para que no lo alcanzara su venganza, tantas noches empuñando su pistola y atragantándose de tequila, jurando que lo iba a llevar al sepulcro con lágrimas en los ojos...

Por ahí estaba también el Tripa, del que se dice que después de hacer un gran negocio se fue a vivir a Hollywood donde se dedica a mover la droga de los hermanos Alarcón entre los artistas más famosos de esa jungla de luces y glamour.

Pero nadie se imaginaba que una de las mayores enemigas de Damián Torres estaría llorando muy cerca de su ataúd con un vestido negro demasiado escotado y corto, como diciéndole a todos los presentes que estaba disponible y urgía que alguno de ellos hiciera algo rápido. Ximena no se separó ni un momento del ataúd de Damián. Si por ella hubiera sido habría aplicado el conocido refrán "bailaré sobre tu tumba". La esposa perfecta estaba a punto de convertirse en la viuda alegre.

***

No fue a los Alarcón a quienes la enfermera avisó de que Marcela y Lucerito estaban a punto de salir del hospital. Fue Ximena, quien, con un grupo de sicarios traídos directamente de España para que nadie pudiera identificarlos, secuestró a la mujer que más había amado Damián en la vida y a la hija que había logrado tener con ella. El Señor de los Cielos había repartido treinta y ocho varones por el mundo.

Ximena nunca le quitó la mordaza a Marcela. No quería oírla. No quería que su voz la acompañara en sus peores pesadillas, pero sí quería ver los preciosos ojos pardos que seguramente embelesaban a Damián cuando despertaba junto a ella y le juraba amor eterno. Quería ver el sufrimiento de esos ojos porque ahí se reflejó Damián, recibiendo todo lo que ella ya no podía darle. Fue diferente con la niña. Ella no estaba amordazada pero sus ojos estaban cubiertos. Cada una estaba en un cuarto y Ximena quería escuchar la voz de Lucerito para no olvidarla jamás. Si algún día sus oídos volvían a captarla, acabaría con ella.

Pidió que la dejaran sola con Marcela. Tomó un revólver que Damián le había regalado en uno de sus cumpleaños y se paseó muy cerca pasándole el cañón de la pistola por su bello rostro. Luego la fue bajando y con ella fue desabrochando uno a uno los botones. Los senos firmes y llenos de Marcela saltaron en el acto. Fue sobre ellos que descargó el cargador completo de su pistola sin dejar de mirar los ojos de su víctima. Eso sí quería recordarlo hasta el último día de su vida.

Ximena bajó el arma. Marcela, al sentir que la vida se escapaba, pudo ver el momento que apareció la Parca y se colocó a espaldas de su asesina y puso su huesuda mano sobre su hombro.

Ximena pidió a sus sicarios españoles que buscaran el peor tiradero de basura y dejaran allí a la niña para que sufriera la miseria y el dolor todos los días que le restaban de vida.

***

La voz de don Benito sacó a Ximena de sus recuerdos. El anciano, al saber la desgracia de su sobrino, habló con el director del reclusorio y suplicó un permiso para ir a despedir a Damián. Don Benito le pidió que lo dejara a solas con su sobrino. La viuda negra no pronunció palabra alguna, ni siquiera se sorprendió de verlo allí. Simplemente obedeció y lo dejó solo con el cadáver de Damián. Don Benito estaba arrepentido por primera vez en su vida. Arrepentido de haber llevado a Damián por el camino por el que lo condujo. Debió haber sido otra clase de padre. Uno que lo obligara a estudiar, que lo hiciera terminar la primaria, la secundaria y luego haberlo visto graduarse de alguna carrera universitaria. Ya era demasiado tarde. Después de darle el último adiós a su muchacho, don Benito se dirigió a la salida donde lo esperaban dos agentes. A pesar de los años, el anciano no había perdido la agilidad para desenfundar un arma. Sin que nadie lo esperara desarmó a uno de los agentes. El otro lo apuntó a la cabeza, pensando que el viejo pensaba asesinarlos a los dos para escaparse a quien sabe dónde. Pero nada más lejos de la realidad. Don Benito miró a los agentes y simplemente sonrió diciéndoles:

—Me resulta imposible seguir viviendo rodeado de fantasmas... fantasmas que no me dejan vivir... Baja el arma muchacho, que no te voy a dar el gusto. He decidido morir pero no serás tú quien me quite la vida. ¿Sabes por qué? Porque te faltan los huevos que a mí me sobran.

Lo siguiente que se escuchó fue un disparo. El agente armado no lograba entender lo que había sucedido. Don Benito se había quitado la vida.

Ese día la familia Torres estaba de duelo. No sólo había muerto Damián... también don Benito había sido encontrado por la parca. Tardaron años en recuperarse. Todos menos la madre de Damián. Una vez alguien le preguntó si alguna vez se supera el dolor de perder a un hijo y doña Rosalba con voz cansada le respondió que es un dolor muy fuerte con el que sólo se aprender a vivir.

Otra persona que aprendió a vivir con la vida que le tocó fue Lucero. Para la única hija de Damián Torres la vida no fue tan horrible. De hecho, lloró muy poco en todos esos años... Se enteró de la noticia de la muerte del Señor de los Cielos de casualidad al ver un periódico. Recordó que era una princesa sin corona, heredera de un reino que reclamaría algún día. Lucero guardó el recorte del periódico durante años. Aún se podía leer en él: "El cadáver de Damián Torres fue entregado a la familia después de largas comprobaciones, con el rostro inflamado y cortado en pedazos".

Nadie olvidaría el día de la muerte de dos seres queridos. A don Benito lo cremaron, mientras que Damián tuvo su sepelio como el de los grandes hombres. Fue apoteósico. Una multitud de personas humildes inundó las calles aledañas al cementerio. El llanto y las exclamaciones se escuchaban a lo largo y ancho del territorio. Una enorme cantidad de gente venida desde Badiraguato, cuna del capo, participó en las primeras ceremonias. Sinaloa había perdido no a uno sino a dos de sus hombres más importantes y el pueblo lo lamentaba y lo hacía saber tirando flores a su paso. Las mujeres gritaban y se ahogaban en llanto. Algunas de ellas habían compartido lecho con tan conocido personaje y hasta tenían hijos con él.

Moría el Señor de los Cielos y con él la leyenda del Robin Hood mexicano, el protector de los humildes, el que había ofrecido techo y comida a muchos que antes no lo tenían.

63 Cae la segunda águila real

El camino a la finca Santa Rosalba, hogar de Ximena y los hijos de Damián, estaba atiborrado de gente y de camionetas con placas de Chihuahua, Jalisco, Sinaloa, Sonora y de todo el país. Todos querían darle las condolencias a la viuda y el último adiós a quien fuera su amigo y conocido.

A la finca sólo tenían acceso los conocidos, los demás esperaban en la puerta con muchos otros carros. Personajes con ostentosas botas de avestruz, cadenas y relojes de oro desfilaban por la zona ocultando un poco el rostro para no ser reconocidos en caso que apareciera alguna autoridad. Llegaron de todas partes del país a rendir tributo a quien en vida fuera su patrón y en algunos casos su compadre. También estaban el Chómpiras, el Colorado, Dagoberto y Domingo, que no podían dejar de despedir a su más querido mentor, hermano, socio y patrón.

El cartel de los hermanos Torres se reunió en la finca de Dagoberto para planear la estrategia a seguir sin Damián y reorganizar la guerra con sus enemigos del cartel de Tijuana, los hermanos Alarcón. Dagoberto quedó como jefe de las operaciones en México. A su lado estaban su hermano Domingo, el Chómpiras, el Traca Traca, Juan Manuel Sánchez y el Colorado. Desde aquella reunión se dice que ese mundo fue del todo distinto y los cielos, sin Damián Torres, nunca volvieron a ser los mismos.

Epílogo

Después de muerto Damián, a Macario Montenegro, en compañía de Lucas Quintanilla "R1" y Cristóbal Quiñones "R15", se le ocurre proponerle al Colorado que se retire del lado de los Torres y se les una en la dirección de operaciones del cartel del Golfo, donde le prometen que tendrá una gran autoridad. Pero el Colorado considera un acto traicionero dejar a sus amigos cuando más lo necesitan y se niega. Macario reacciona enérgicamente y rompe relaciones con el Colorado porque se siente desairado. Piensa que negarse a tan tentadora oferta es un acto de agresión que no se puede perdonar.

En esos días recupera su libertad Facundo Avilés "el Mustang", quien años atrás había sido entregado por Damián Torres como contraprestación a los favores del general Romero Valdivia. Al Mustang lo nombran representante del cartel de los Torres en Estados Unidos. A partir de este momento, Dagoberto, que maneja Ciudad Juárez, traslada allí su centro de operaciones y da inicio a lo que en adelante se conocerá como el cartel de Juárez.

Los hermanos Alarcón, junto con Jaime Candamil, complacidos con la muerte de Damián, se dedican a enfrentar la guerra con el nuevo cartel de Juárez. Isidro, Guadalupe y Candamil además de llenar el cielo de aviones cargados con cocaína con destino a Baja California deben librar la lucha con el naciente cartel de Juárez de Dagoberto

Torres y defenderse del FBI, que los incluye en la lista de los diez criminales más buscados.

Al mismo tiempo, el Mustang llenaba desde Los Ángeles las arcas del cartel de Juárez sin saber que toda la operación que realizaba con tanto esfuerzo había sido infiltrada por agentes de la DEA que lavaban dinero del cartel de Juárez con la venia del Departamento del Tesoro y monitoreaban todas las transferencias de dinero ordenadas por el Mustang.

El momento cumbre de los agentes de la DEA fue la invitación que hicieron no sólo a miembros del cartel sino a un grupo de banqueros con el fin de enseñarles cómo limpiar su fortuna. Para esta farsa fueron invitados a una cena en un hotel de Las Vegas donde se celebraría un cursillo financiero. Los narcotraficantes y los banqueros vestían elegantes trajes y nunca sospecharon que aquellos meseros con facha de levantadores de pesas fueran agentes encubiertos.

Al terminar la cena el anfitrión subió al escenario y en vez de dictar las conclusiones del curso de lavado de dinero les dijo que era un agente del Servicio de Aduanas de Estados Unidos y que estaban todos detenidos. Acto seguido los atentos meseros de minutos atrás sacaron sus armas y encañonaron a los mafiosos y banqueros, quienes, para cuando pudieron reaccionar, ya se encontraban tras las rejas.

A partir de este momento la identidad de todos los miembros del cartel de Juárez queda al descubierto tanto para las autoridades mexicanas como para las estadounidenses, lo que los obliga a la más severa clandestinidad. El Mustang finalmente logra su venganza.

El ejército mexicano, por su parte, continúa en su lucha contra los carteles de la droga y detiene en Ensenada, Baja California, a Jaime Candamil y a siete de sus hombres luego de enfrentarse a tiros con ellos. Como si esta caída no fuera suficiente para el cartel de Tijuana, el Chaparro, su archienemigo, sale de la oscuridad.

El Chaparro sale de prisión con la ayuda del Chómpiras, a quien años atrás había protegido en su guerra contra los Alarcón. Le propuso recuperar sus alianzas y reclamar lo que consideraba suyo. A partir de ese momento se inicia la etapa más violenta de ejecuciones entre los carteles de la droga.

Luego de confirmar la presencia del Chómpiras en Mazatlán, Isidro Alarcón llega a la ciudad con la intención de asesinar a su enemigo, pero es interceptado por agentes de la policía al servicio del Chaparro y muere acribillado. Un mes después Guadalupe Alarcón es capturado por la fuerzas especiales del ejército en la ciudad de Puebla. Se va diezmando el cartel de Tijuana.

Con el cartel de Tijuana a la deriva en manos de Simón, el menor de los Alarcón, que no tenía la fuerza ni el carisma de los otros dos, el Chómpiras, el Chaparro y el Colorado apuntan hacia él.

El cartel del Golfo, en manos de Macario Montenegro y de los "Erres", continúa creciendo a grandes pasos, pero esta gloria no los hace inmunes a la persecución. Sufren un gran golpe cuando su máximo dirigente Macario Montenegro es capturado tras una impresionante balacera con miembros de la fuerza del estado.

Lo protegían cerca de trescientas personas, entre gente que manejaba, escondía, transportaba la droga y hacía labores de inteligencia, recogía información que era transmitida al jefe para reencauzar sus envíos si había inconvenientes y alertarle de operativos en su contra. Pero ese día su ejército falló.

R1 y R15, los "Erres", compiten con Richard del Campo "la Muerte" por la dirección del cartel. Atentan contra su vida pero la Muerte logra salir ileso de la emboscada. El cartel de Sinaloa aprovecha para reclutarlo. La Muerte, conocido por su fama de sanguinario y por su alto grado de peligrosidad, pasa a formar parte de las filas del Chómpiras, el Colorado y el Chaparro, los tres peligrosos capos del cartel de Sinaloa y enemigos a muerte de los herederos del cartel del Golfo.

Las labores de inteligencia desplegadas por Domingo y Dagoberto Torres para descubrir el verdadero móvil de la captura del Traca Traca, su hombre de confianza, muestran que los responsables fueron el

Chaparro, el Chómpiras y el Colorado. Los dos hermanos del cartel de Juárez se sienten acosados y deciden enfrentarse a quienes consideran traidores del cartel de Sinaloa. Atentan contra dos de los escoltas del Chaparro y acaban con sus vidas.

Ante la agresión directa de sus antiguos socios, la reacción del Chaparro no se hace esperar, y en compañía de la Muerte, asesina a Domingo Torres junto con su esposa a la salida de un teatro. Domingo jamás pudo haber imaginado que con la protección que le brindaban algunos miembros de la policía que andaban con él en ese momento y que estaban en su nómina, pudieran intentar nada en su contra y mucho menos matarlo.

Dagoberto, el único sobreviviente del clan de los Torres, con el honor mancillado, cita una cumbre de narcotraficantes para vengar la muerte de Domingo, pero no asiste nadie. Sorprendido, llama directamente a su hombre de finanzas, Juan Manuel Sánchez, ignorando que Juan Manuel se encuentra en ese momento cuadrando cuentas con el Chaparro, el Chómpiras y el Colorado, por quienes había tomado partido. Dagoberto Torres, el heredero del Señor de los Cielos y de todo su imperio, se queda solo.

Convencido de que nunca tuvo el valor de su hermano, cuando llegó el momento final Dagoberto se conformó con saber que el apellido Torres lo mantendría con los mismos amigos y los mismos enemigos. Tendría que moverse lenta y discretamente. Tenía varias propiedades y en cada una de ellas una o dos caletas. Era demasiado dinero y él sabía que no necesitaba tanto. El hermano mayor de la dinastía Torres siempre fue un segundón y ya estaba acostumbrado. Siempre que tenía dudas recordaba a Damián y miraba al cielo buscando lo que su hermano encontraba siempre pero que a él no se le presentó jamás.

Muchos años después de esta historia, Dagoberto abrió la puerta a lo que fue como una aparición divina, solo que ésta tenía cara de virgen y ojos de diablo.

—Hola tío, ¿te acuerdas de mí? Soy Lucero, Lucerito, como le gustaba llamarme a mi papá.

Dagoberto sintió que algo le golpeaba la nuca. Miró al cielo, pero, de nuevo... no vio nada. Sintió que alguien le tocaba la espalda y ahí estaba... Damián y un indio alto y moreno, listo para darle instrucciones. Dagoberto sonrió a Lucero. Detrás de la niña apareció Damián Eduardo, el hijo menor de Damián, por lo menos ante los ojos del mundo.

—Aquí estamos mi hermana y yo... Vamos a encontrar a todos y cada uno de los enemigos de mi papá... Damián Torres sigue vivo en nuestros corazones, y la venganza sigue viva en nosotros.

—¿Contamos o no contamos contigo, tío?

—Bienvenidos, sobrinos.

Y con un abrazo de tres y una sonrisa del tamaño del mundo, los herederos de Damián sellaron el pacto.

Mientras comenzaba a tejerse la venganza que quizás tardaría años en ejecutarse, la delincuencia se seguía viviendo día a día. El Chaparro, el Colorado y el Chómpiras, haciendo gala de su poder citan a una cumbre secreta al gremio entero para declararse jefes únicos del negocio del narcotráfico. A la reunión asisten todos los narcos independientes, incluido Simón Alarcón, el único remanente del cartel de Tijuana. Acuerdan formar un sólo frente para acabar con los restos de los miembros del cartel del Golfo que se hacen llamar los Erres y con el disminuido Dagoberto Torres.

Dagoberto Torres, temeroso ante los rumores de la agrupación del gremio entero del narcotráfico en su contra, le pide apoyo a los jefes del cartel del Golfo, R1 y R15. A cambio de su protección le piden como contraprestación la cabeza del Colorado. Dagoberto acepta con la idea de retomar fuerzas para acabar con sus enemigos del cartel de Sinaloa. Cita al Colorado en un reconocido centro comercial de Matamoros con la disculpa de tratar de conciliar en el tema de la guerra.

Dagoberto no calculó su error. En el momento en el que se encuentra con el Colorado le caen hombres de los Erres dispuestos a asesinarlo. Estalla una de las más grandes balaceras que dejarían al descubierto la guerra que se veía venir entre el cartel del Golfo, que ahora protegía a Dagoberto, y el cartel de Sinaloa, que pretendía dominar absolutamente el negocio de la cocaína a lo largo y ancho de la geografía mexicana. A pesar de que murieron muchos hombres, Dagoberto y el Colorado salieron con vida. El Colorado se refugió en su escondite y comenzó a planear una estrategia para acabar definitivamente con Dagoberto Torres. Dagoberto, por su parte, se retiró a una de sus propiedades donde vive actualmente con Lucero y donde los visita regularmente Damián Eduardo. Alejandro nunca va, puesto que el hijo mayor de Damián sí salió bueno para los estudios y se dedica de pleno a ellos.

Ni Alejandro, ni su madre, Ximena, que sigue jugando a ser la viuda sufrida, sospechan los pasos en los que anda Damián Eduardo. Los dos hijos de Damián y el tío Dagoberto están, al igual que el Colorado, planeando su venganza. Sólo que el Colorado planea la muerte de Dagoberto, mientras que los Torres tienen mucho rencor dentro. Lucero sabe que Ximena fue quien asesinó a su madre y no piensa dejar que ese crimen quede impune. Damián Eduardo la apoya en su dolor sin sospechar que el hombre por quien se venga ni siquiera es su verdadero padre. Están concentrados en sus planes cuando tocan a la puerta. Los tres se miran sin comprender. Toman sus armas y las empuñan dispuestos a disparar. Por medio de señas deciden no preguntar quién toca. Dagoberto abre con el arma en la mano. Frente a él, la figura de un hombre a quien nunca antes ha visto. Sin dejar de mirarle a los ojos le pregunta quién es. El hombre sólo sonríe con esa picardía que no puede borrar ni la mejor cirugía plástica del mundo. Dagoberto, Lucero y Damián Eduardo se miran sin comprender. El desconocido termina de entrar a la casa con la mayor desfachatez y dice mientras sonríe:

—Si no me reconocieron ustedes, que son los míos, no me reconocerá nadie. Permítanme unirme a su venganza. Pero no vamos a comenzar por el Colorado, comenzaremos por quien me traicionó, la misma que asesinó a Marcela y dejó a mi hija huérfana y viviendo en el abandono.

Dagoberto, Lucero y Damián Eduardo miran al hombre sin dar crédito. La joven promesa del negocio se le planta enfrente. Las cosas no son iguales, no va a permitir que le haga daño a su mamá. La vida de ella es sólo de ella, de nadie más.

—Pero me traicionó —grita Damián que acaba de entrar.

—No fue así, papá —le responde con la seriedad que caracteriza a Lucerito, quien ha crecido sin padre ni madre, sin Dios ni ley, lo que le da la fuerza necesaria para enfrentar a la persona que hay detrás del personaje.

—Si eres mi papá, no quiero que sigas acabando con la familia. Ximena inventó esa mentira para ganarse tu amor. Ella jamás te fue infiel, jamás estuvo con otro hombre. Por las venas de Damián Eduardo corre la misma sangre que corre por tus venas si es que eres Damián Torres. Si no lo eres, ¡vete ya de aquí!

El Señor de los Cielos se toma el tiempo necesario. En un giro de ciento ochenta grados observa la vida de sus hijos caminando la misma senda por la que no quería caminar un minuto más. Volver al mismo lugar, al mismo principio de las cosas, volver a ver su creación y preguntarse: ¿era esto lo que yo quería para mi familia? Se puede cambiar de rostro pero no de alma y corazón. Se puede dejar la piel pero no el sentimiento. Se puede intentar ser otro para terminar siendo el mismo. Se puede amar y nunca dejar de hacerlo. Damián entendió que su paso siguiente sería rescatar el amor de su fiel y abnegada esposa y el de su familia para por fin tener una vida nueva, un cielo nuevo donde volar ya no con su flota de aviones, sino con la libertad que da el amor.

El plan de Damián Torres, aunque fue un éxito, sólo era un nuevo comienzo: retomar el poder y buscar la paz para su familia y los suyos, incluida su amada Ximena. Pero el pasado no lo podía borrar.

Agradecimientos

A mis hijos, mis padres, mis hermanos y amigos. A todos los que directa o indirectamente contribuyeron al resultado del libro, sin ellos no hubiera sido posible. A Roberto, Marta, Rafa y María Antonieta por nuestras innumerables discusiones a cualquier hora del día. A Casandra y Silvia por creer en mí. A los que hacen el trabajo de campo y a todas las personas que me han apoyado en este proceso. A los que comparten conmigo el día a día les pido perdón porque sé que no es fácil aguantarme. Escribir un libro es una tarea tan excitante como agotadora.

Andrés López